POLIMORFISMO EN JAVA

Métodos y algoritmos polimórficos aplicados a los juegos de computadoras

Primera edición 2018

Autor: Carlos Alberto Privitera

Nivel avanzado

Información del libro:

- Título: Polimorfismo en Java
- Edición: 1ʳᵃ edición 2018
- Autor: Carlos Alberto Privitera
- ISBN-13: 978-1725568990
- ISBN-10: 1725568993
- Fecha de la primera edición: primavera 2018

Sobre el autor:

Carlos Alberto Privitera es especialista en Java SE y se ha dedicado a la construcción de sistemas informáticos con Java SE desde el año 2000. Tiene gran experiencia en la enseñanza del lenguaje Java. Se ha especializado en crear contenidos para dictar cursos sobre el lenguaje Java SE.

Posee los títulos de:

- "Técnico Analista de Sistemas de información" otorgado por el "Instituto Superior de Informática 9-012".
- "Licenciado en Educación" otorgado por la "Universidad Nacional de Quilmes".
- "Profesor en Ciencias de la Computación" otorgado por la "Universidad de Mendoza".
- "Magister en Ingeniería del Software" otorgado por el "Instituto Técnico de Buenos Aires".

Material adicional en la Web:

- https://libropolimorfismoenjava.blogspot.com/
- https://github.com/carlosprivitera

Contacto con el autor del libro:

- carlosprivitera@yahoo.com.ar

Polimorfismo en Java

Dedicatoria:

A mis hijos

Prólogo

Este libro se destaca por enseñar la programación basada en polimorfismo. Abundantes ejemplos en código Java y gráficos ilustrativos de las principales ideas referentes al tema: Polimorfismo en Java.

El libro "Polimorfismo en Java" pretende dar una visión moderna y actualizada al momento de aprender Java y en el particular tema de los algoritmos polimórficos. Alumnos, profesores y desarrolladores podrán encontrar una secuencia de patrones de diseño que crean y usan algoritmos polimórficos, dichos patrones de diseño podrán aplicarse a resolver problemas de los sistemas informáticos y de la vida cotidiana.

Un profesional en el lenguaje Java puede beneficiarse con el libro "Polimorfismo en Java" al encontrando una manera innovadora de resolver problemas con algoritmos polimórficos. Los patrones de diseño, analizados en esta obra, están basados en la herencia entre clases. Actualmente las dificultades del lenguaje Java se han superado en gran medida y es fácil de entender y aplicar.

El libro pretende enseñar conceptos fundamentales de la programación orientada a objetos con Java SE, de forma clara y práctica, reduciendo significativamente la curva de aprendizaje. En el proceso se aprenderá a programar computadoras y a usar el lenguaje Java SE.

Objetivos:

- La presente obra pretende que los lectores obtengan fuertes conocimientos en la programación de computadoras con el lenguaje Java SE.
- Lograr que el lector adquiera habilidades prácticas al usar conceptos avanzados de Java SE.
- Hacer que el lector escriba programas para computadoras basados en la programación orientada a objetos con el lenguaje Java SE.

Destinatarios del libro

El libro va dirigido a cualquier persona que quiera aprender a programar computadoras con Java SE, también el libro es muy útil para personas que quieran enseñar el lenguaje Java. Los profesionales encontraran una obra moderna y actualizada digna de ser estudiada y puesta en práctica.

Nivel del libro: es de nivel avanzado. Se requiere tener conocimientos en los detalles básicos del lenguaje Java SE.

El contenido del libro es aplicable a todos los sistemas operativos.

¿Cómo continuar después de aprender el contenido del presente libro?

El aprendizaje de la programación de computadoras con el lenguaje Java SE es la puerta al aprendizaje de contenidos avanzados relacionado con empresas y entornos corporativos, es recomendable después de aprender el contenido del presente libro comenzar con el aprendizaje de Java EE, Java Web o Java para celulares, si el lector lo desea.

Índice de títulos y subtítulos

Contenido

Capítulo I

Introducción

En la construcción de un producto de software, se definen distintas **estructuras** que determinan la **arquitectura** del software que será construido. Las estructuras básicas en Java son las clases y las relaciones entre las clases. Muchas veces, una estructura forma un **patrón** recurrente en la construcción de un producto de software. Un programador atento a identificar estructuras y patrones puede definir una arquitectura adecuada para resolver problemas o construir software. Una arquitectura adecuada es tan importante como el proceso de desarrollo en la ingeniería del software.

Una estructura de capas puede determinar una arquitectura apropiada para definir funciones específicas que se colocan como estratos, cada capa puede ser remplazada por una nueva capa sin afectar a las demás. Entre las capas se debe definir una interfaz de comunicaciones precisa y única.

Propuesta de una arquitectura básica

Capa 1 – Capa de aplicación o capa de vista o producto software: La capa del producto software es la capa que el usuario ve o debe usar, la capa de aplicación brinda las funcionalidades que el usuario ha solicitado o desea. La capa de aplicación es una implementación concreta del patrón de diseño. La capa de aplicación usa tradicionalmente algoritmos estructurados, pero en esta ocasión se agregaran los algoritmos polimórficos.

Capa 2 – Usar el patrón: La capa 2 debe crear objetos del tipo patrón, algunos son objetos creados en tiempo de ejecución y otros son creados en tiempo de diseño de la aplicación. Los objetos son considerados artefactos que cumplen distintas funciones, un artefacto puede invocar distintos comportamientos al patrón de diseño. Los distintos artefactos acceden a una interfaz de métodos. Con el acceso a la interfaz de métodos, se pueden escribir algoritmos polimórficos que brinden funciones a la capa de aplicación.

Capa 3 – Polimorfismo: La capa 3 es la capa donde se escriben los métodos polimórficos y los algoritmos polimórficos. La capa 4 separa la implementación de los algoritmos polimórficos de la implementación de la solución del problema, los algoritmos polimórficos expresen distintas formas de usar una solución de un problema.

Capa 4 – Estructura del patrón: La capa 4 es el patrón de diseño que implementa la estrategia que soluciona el problema que se ha planteado, el patrón de diseño contiene los algoritmos especializados y tradicionales. Se pueden implementar distintos patrones dependiendo del problema a ser resuelto. Un patrón tiene la propiedad de dar soporte a la solución de muchos problemas. Un grupo de problemas puede ser resuelto por un único patrón. Un patrón muy simple y útil es el patrón que tiene una superclase genérica y muchas subclases especializadas en un algoritmo. Java es un lenguaje que permite la creación de estructuras jerárquicas de clases, las clases se relacionan por medio de la herencia.

Patrón de diseño basado en la herencia

La siguiente imagen muestra un patrón de clases relacionadas por medio de la herencia.

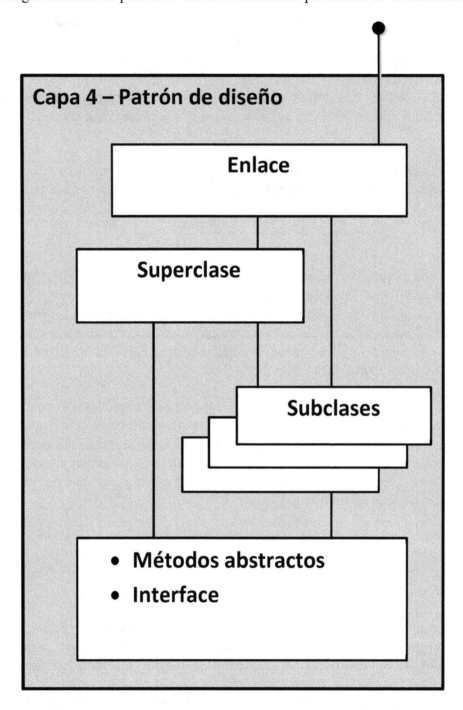

La imagen muestra una representación genérica de un patrón de diseño basado en la herencia entre clase. Determinadas restricciones configurarán diferentes patrones de diseño más adecuados para ser implementados en Java.

Arquitectura por capas para utilizar un patrón de diseño

La siguiente imagen muestra una arquitectura realizada por capas. Cada capa tiene una función determinada para implementar, usar y mostrar la solución de un problema.

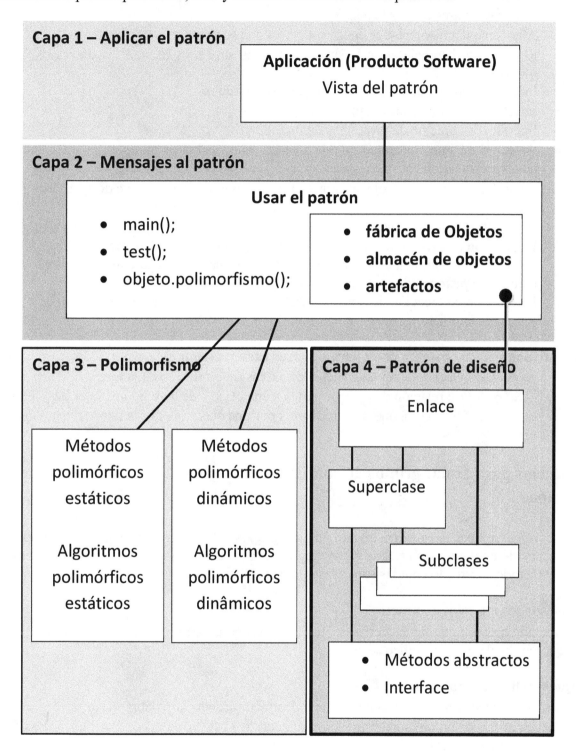

Descripción del patrón de diseño basado en la herencia

Un patrón de diseño basado en la herencia tiene las siguientes partes:
- Una superclase genérica
- Varias subclases especializadas
- Algoritmos implementados en las subclases o la superclase
- Relación de herencia entre la superclase y las subclases usando la palabra clave de Java: `extends`
- Interfaz: métodos públicos de acceso a datos privados
- Interfaz: de métodos abstractos
- Interfaz: declaración de prototipos de métodos
- Relación de implementación de la interfaz que declara prototipos de métodos usando la palabra clave de Java: `implements`
- Relación de creación de objetos entre clases usando la palabra clave de Java: `new`

Tipos de relaciones entre clases
1. La relación de extensión une dos clases del mismo tipo, una clase extiende otra clase.
2. La relación de implementación agrega partes a una clase, una clase se agrega a otra clase para ser implementada como parte componente de la clase.
3. La relación de creación de objetos, indica que una clase tiene una referencia de objeto a una instancia de objeto.

Java dispone de una palabra clave para declarar cada relación
1. `extends`: relación de tipos iguales o de extensión o relación de herencia
2. `implements`: relación de agregar partes a una clase o de heredar una interfaz
3. `new`: relación de componer o usar objetos por una clase, las clases tienen o usan instancias de objetos

Criterios para armar grupos de configuraciones de patrones de arquitecturas por capas

Las configuraciones se pueden dividir en tres grupos, el criterio usado para armar los distintos grupos de configuraciones es la **declaración** de los métodos abstractos y la **implementación** de los métodos abstractos por las superclases o las subclases.

¿Qué son los métodos abstractos?
Un método abstracto no tiene cuerpo, { }. El método no puede implementar código ya que no tiene cuerpo donde escribir código Java.

¿Qué son las clases abstractas?
Una clase es abstracta si es declarada como abstracta usando la palabra clave: `abstract`, o si se declara al menos un método abstracto en su cuerpo, { }. No se puede crear instancias de objetos de una clase abstracta.

¿Qué es una interfaz?
La interfaz es una clase totalmente abstracta, no tiene código Java en su cuerpo. La interfaz, declara prototipos de métodos abstractos que serán heredados por otras clases. Las clases que hereden

una interfaz deberán sobrescribir los métodos abstractos e implementar el código faltante.

Hay dos formas de <u>declarar</u> métodos abstractos:
1. Declarar métodos usando la palabra clave `abstract`
2. Declarar prototipos de métodos abstractos en una interfaz

¿Cómo sobrescribir los métodos que son abstractos?

Hay una forma de **implementar** el código faltante de los métodos abstractos:
1. Sobrescribir métodos abstractos usando la etiqueta: `@Override`

Criterios para armar las distintas configuraciones de un patrón de diseño

El nombre de cada configuración estará en función de la creación de las **referencias a objetos** y de la **creación de objetos**.

¿Qué es una referencia en Java?

Esta línea de código es una declaración de una **referencia a un objeto**: `Rectangulo rectangulo = null;`

¿Qué es un objeto en Java?

Esta línea de código es una **declaración para crear una instancia de un objeto** dada una referencia: `rectangulo = new Rectangulo(3, 4);`

Los programadores normalmente unen la **declaración de la referencia** y la **creación del objeto** en una línea de código. La siguiente línea de código es una declaración de una referencia a un objeto y la creación de una instancia de objeto: `Rectangulo rectangulo = new Rectangulo(3, 4);`

Estructura del libro

Representación gráfica de los grupos de configuraciones de un patrón de diseño

Patrón de diseño basado en la herencia		
Clases abstractas		Interfaz
Grupo 1	Grupo 2	Grupo 3
Configuraciones	Configuraciones	Configuraciones
Variantes	Variantes	Variantes
Polimorfismo	Polimorfismo	Polimorfismo mutable

Definición de las restricciones para armar un patrón de diseño

Las restricciones están en función de la posibilidad o imposibilidad de declarar:
1. Referencias a objetos
2. Instancias de objetos.

Propiedades del grupo

	Crear referencias	Crear objetos
Superclase		
Subclase		
Interfaz		

Grupo número uno de configuraciones

En el grupo número uno, están las configuraciones donde la superclase es declarada abstracta, dentro de este grupo hay dos configuraciones. La configuración número uno declara la referencia de objetos usando el nombre de la superclase y la creación de los objetos usando los constructores de las subclases. La segunda configuración crea la referencia de objetos y los objetos usando las subclases.

Este grupo tiene la característica fundamental que impide crear un objeto usando el constructor de la superclase. Al declarar la superclase como abstracta, no es posible en java crear un objeto de una clase abstracta. En este grupo todos los objetos que pueden ser creados deben crearse usando los constructores de las subclases.

Propiedades del grupo

	Crear referencias	**Crear objetos**
Superclase (abstracta)	Si	No permitido
Subclase	Si	Si

En el grupo uno hay dos configuraciones muy interesantes que forman una arquitectura adecuada para usar el patrón de herencia entre clases.

Cada configuración del grupo incluye una restricción adicional que obliga a hacer un uso correcto del patrón de diseño.

Estructura del patrón de diseño

El patrón de diseño está basado en una superclase y muchas subclases y diferentes combinaciones que implementan la interfaz de los métodos abstractos.

El patrón de diseño debe declarar una interfaz de métodos públicos que puedan ser invocados por las clases que quieran tener acceso al patrón. El patrón de diseño es un proveedor de comportamientos.

El patrón de diseño tiene que ser encapsulado en un paquete y permitir o restringir alguna de las siguientes cuatro funciones, según el problema que se desee resolver.

1. Declarar referencias de las subclases o la superclase
2. Declarar objetos de las subclases o la superclase
3. Heredar subclases o superclases por motivos de extensión
4. Sobrescribir los métodos públicos del patrón de diseño por motivos de implementación

En este libro se hará, un estudio detallado de las dos primeras funciones: 1) declarar referencias de las subclases o la superclase, 2) declarar objetos de las subclases o la superclase.

Quedará fuera del estudio, en el presente libro, las posibilidades de extensión y cambios en el patrón de diseño. Se hará un estudio detallado sobre el uso del patrón de diseño por otras clases. Las clases que usarán el patrón de diseño se llaman "clientes".

Las clases que son clientes del patrón de diseño podrán implementar métodos y algoritmos polimórficos.

Configuración 1.1 - Crea la referencia de objetos usando la superclase y la creación de los objetos usando las subclases.

Código Java para crear la configuración 1.1

Variante 1 – una referencia y un objeto en memoria
```
SuperClase objeto = null;  //crear una referencia única
objeto = new SubClase01(); //apuntar la referencia a un nuevo objeto
...
objeto = new SubClase02(); //apuntar la referencia a un nuevo objeto
...
objeto = new SubClase03(); //apuntar la referencia a un nuevo objeto
...
objeto = new SubClaseN(); //apuntar la referencia a un nuevo objeto
```

Variante 2 – muchas referencias y un objeto por referencia
```
SuperClase objeto1 = null;  //crear una referencia única
objeto1 = new SubClase01(); //apuntar la referencia a un nuevo objeto
...
SuperClase objeto2 = null;  //crear una referencia única
objeto2 = new SubClase02(); //apuntar la referencia a un nuevo objeto
...
SuperClase objeto3 = null;  //crear una referencia única
objeto3 = new SubClase03(); //apuntar la referencia a un nuevo objeto
...
SuperClase objetoN = null;  //crear una referencia única
objetoN = new SubClaseN(); //apuntar la referencia a un nuevo objeto
```

En la configuración 1.1 es agregada una nueva restricción, en la nueva restricción no es recomendable crear referencias de las subclases. En esta configuración hay dos restricciones: no es factible crear objetos de la superclase y se no es recomendado crear referencias de las subclases.

Propiedades de la configuración 1.1

	Crear referencias	**Crear objetos**
Superclase (abstracta)	Si	No permitido
Subclase	X (restricción)	Si

Utilidad de la configuración 1.1
Es una configuración adecuada para cuando hay **una gran cantidad** de objetos especializados, cada objeto tiene la necesidad de implementar un algoritmo particular o único.

Esta configuración tiene dos variantes:
1. Una referencia y un objeto en memoria (consume poca memoria). El recolector de basura tiene mucho trabajo recolectando las viejas instancias de objetos no referenciadas.
2. Muchas referencias y un objeto para cada referencia (consume más memoria). El recolector de basura tiene poco trabajo.

Si existe una referencia podrá haber un objeto especializado en memoria. La única referencia funciona como un puntero que va recorriendo los objetos uno por uno; para acceder a un nuevo objeto hay que destruir el objeto actual y construir un nuevo objeto.

Si se tiene una referencia a objetos que apunta de forma dinámica a distintos objetos, puede suceder que el uso de la memoria sea reducido pero el trabajo del recolector de basura Java sea muy arduo; en cambio al ser creadas muchas referencias a objetos es más probable que el uso de la memoria aumente y el trabajo del recolector de basura disminuya.

La asignación dinámica de nuevos objetos a una única referencia provoca objetos no referenciados en memoria que deben ser limpiados por el recolector de basura Java.

Si el problema a resolver necesita crear referencias a las **subclases** sería adecuado usar la configuración 1.2 u otra configuración de otro grupo.

La asignación dinámica de la referencia a un nuevo objeto permite **aplicar el mecanismo del polimorfismo dinámico**, usando la única referencia se pueden enviar **mensajes únicos** a distintos objetos especializados.

Para aplicar o usar el mecanismo del polimorfismo dinámico se necesita enviar mensajes a los objetos por medio de la interfaz de métodos. Cada objeto deberá implementar la misma interfaz de métodos.

Los mensajes son enviados a los métodos implementados en los objetos, si todos los objetos implementan la misma interfaz de métodos entonces es factible enviar el mismo mensaje a cada objeto. Cada objeto implementará un algoritmo distinto y se comportará de forma diferente aunque el mensaje enviado sea el mismo.

Los programadores, son muy creativos, escriben algoritmos basados en objetos que envían mensajes. Los algoritmos basados en el envío de mensajes se llaman algoritmos polimórficos. No confundir los algoritmos polimórficos basados en mensajes con los algoritmos especializados que son implementados en los objetos que reciben los mensajes. Los algoritmos polimórficos son programados en los clientes que usan el patrón de herencias de clases; los algoritmos especializados son programados en las subclases o superclases del patrón.

- Los algoritmos polimórficos envían mensajes, (clientes)
- Los algoritmos especializados reciben mensajes. (proveedores)

Los objetos que reciben mensajes desde otro objeto implementan algoritmos de comportamiento y los algoritmos que envían mensajes a otro objeto se llaman algoritmos polimórficos.

Desde el punto de vista de las clases podemos decir que hay clases, clientes, que envían mensajes y clases, servidoras o proveedoras, que responden mensajes. Las clases clientes implementan algoritmos polimórficos y las clases proveedoras implementan algoritmos de comportamiento o especializados.

Las clases Java tienen tres mecanismos para implementar interfaces de métodos de acceso a los datos o algoritmos que implementan.
1. Heredar una interfaz: se usa la palabra clave de Java `implements`.

2. Declarar métodos abstractos: se usa la palabra clave de Java "`abstract`".
3. Declarar métodos públicos de acceso a datos privados o encapsulados.

Organización de las aplicaciones por capas

Esquema que muestra la relación entre los algoritmos que son polimórficos y los algoritmos que tiene un comportamiento especializado.

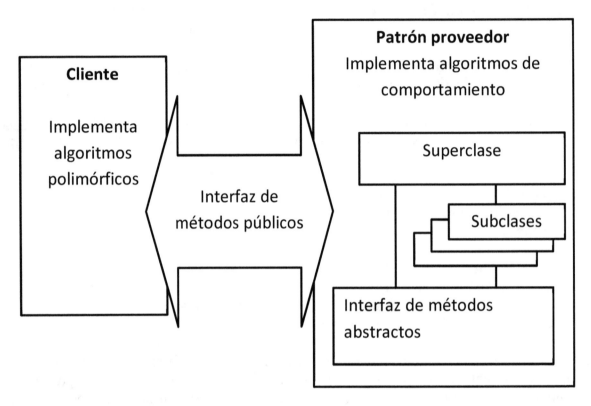

Es recomendable organizar el sistema en al menos dos capas, una capa para las clases que son clientes y otra capa para las clases que son proveedores.

Hay distintas formas de organizar una aplicación Java por capas:
1. Un proyecto con un paquete para todas las clases, (no recomendado)
2. Un proyecto con dos paquetes que contendrán las clases asignadas a cada capa (recomendado)
3. Dos proyectos en una aplicación, un proyecto para cada capa. (recomendado para equipos de programadores o para grandes proyectos)

El mismo razonamiento se puede utilizar si la aplicación fuese diseñada con tres o más capas. Los paquetes pueden contener otros paquetes por consecuencia una capa puede contener otras capas o subcapas. En Java un paquete es una carpeta creada por el sistema operativo.

Los IDEs, (Entornos de Desarrollo Integrados), son herramientas que ayudan a crear aplicaciones que contendrán proyectos de código Java. Los proyectos contendrán paquetes y los paquetes contendrán archivos con código fuente escrito en el lenguaje Java.

Algunos IDEs populares para escribir código Java:
- JDeveloper: http://oracle.com
- NetBeans: https://netbeans.org/
- Eclipse: https://www.eclipse.org/
- IntelliJ: https://www.jetbrains.com/
- Visual Studio Code: https://code.visualstudio.com/
- Android Studio: https://developer.android.com/

Capa número uno: capa cliente
- El paquete llamado "app" contendrá las clases que son clientes y las clases que implementan los algoritmos polimórficos.

Capa número dos: capa proveedora
- El paquete llamado "patron" contendrá el patrón de herencia entre clases.

Diagrama UML Java para la configuración 1.1 – variante 1: una referencia, un objeto en memoria

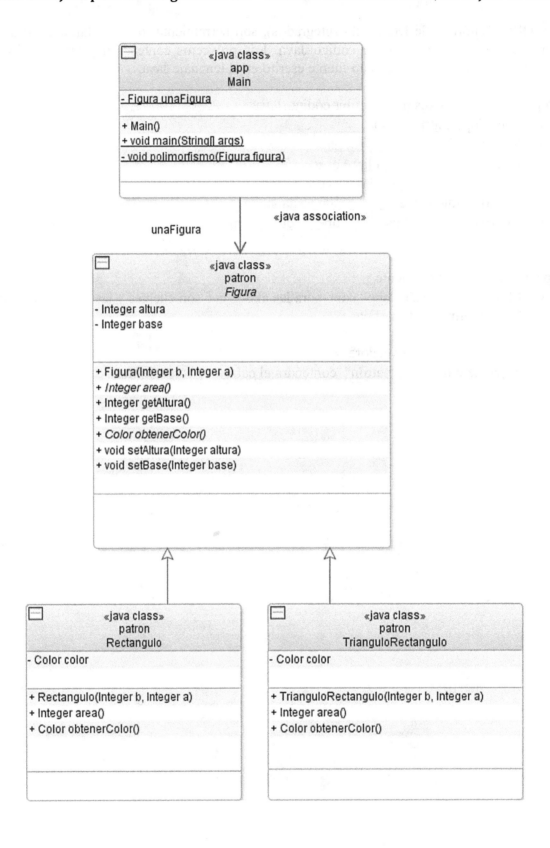

Código fuente para la configuración 1.1 – variante 1

```java
package app;

import patron.Figura;
import patron.Rectangulo;
import patron.TrianguloRectangulo;


public class Main {
    public Main() {
        super();
    }
    private static Figura unaFigura = null;

    public static void main(String[] args) {
        Main main = new Main(); //el objeto main tiene información relevante a
la clase Main{}

        //esto es un error, no es posible crear instancias de una clase
abstracta
        //Figura figura = new Figura();

        System.out.println("Polimorfismo dinámico o de referencia");

        unaFigura = new Rectangulo(6, 8);
        polimorfismo(unaFigura);

        unaFigura = new TrianguloRectangulo(6, 8);
        polimorfismo(unaFigura);

    } //Fin del cuerpo del método main()

    //Método polimórfico o sobrecargado por el argumento del parámetro
    //El parámetro acepta tipos de argumentos distintos
    //En algunas ocasiones el argumento es del tipo rectángulo
    //   y en otras es del tipo triángulo rectángulo

    private static void polimorfismo(Figura figura) {

        //Líneas polimórficas, tienen comportamiento distinto dependiendo de la
figura
        //El compilador Java decide que comportamiento ejecutar dependiendo del
tipo

        System.out.println(figura.getClass().getName());
        System.out.println("  Altura = " + figura.getAltura());
        System.out.println("  Base = " + figura.getBase());
        System.out.println("  Área " + figura.area());
        System.out.println("  Color " + figura.obtenerColor());

    } //Fin del cuerpo del método polimórfico

} //Fin del cuerpo de la clase Main{}
```

```java
package patron;

import java.awt.Color;

//Niveles de control de acceso para clases, una clase pública puede ser accedida
por cualquier clase de cualquier paquete.
//Una clase sin modificador puede ser accedida por una clase de su mismo paquete

public abstract class Figura {

    private Integer altura = 0;
    private Integer base = 0;

    public Figura(Integer b, Integer a) {
        base = b;
        altura = a;
        //super();
    }

    public void setAltura(Integer altura) {
        this.altura = altura;
    }

    public void setBase(Integer base) {
        this.base = base;
    }

    public Integer getAltura() {
        return altura;
    }

    public Integer getBase() {
        return base;
    }

    public abstract Integer area();

    public abstract Color obtenerColor();

}

package patron;

import java.awt.Color;

public class Rectangulo extends Figura {

    private Color color = new Color(0, 0, 0);

    public Rectangulo(Integer b, Integer a) {
        super(b, a); //Acceder a la estructura de datos de la superclase
        color = Color.orange;
    }

    @Override
    public Integer area() {
        return this.getAltura() * this.getBase();
    }
}
```

```java
    @Override
    public Color obtenerColor() {
        // TODO Implement this method
        return color;
    }
}

package patron;

import java.awt.Color;

public class TrianguloRectangulo extends Figura {

    private Color color = new Color(0, 0, 0);

    public TrianguloRectangulo(Integer b, Integer a) {
        super(b, a); //Acceder a la estructura de datos de la superclase
        color = Color.green;
    }

    @Override
    public Integer area() {
        return (this.getAltura() * this.getBase()) / 2;
    }

    @Override
    public Color obtenerColor() {
        // TODO Implement this method
        return color;
    }

}
```

Explicación de las líneas de código más relevantes de la configuración 1.1 – variante 1

Esta línea de código indica que la clase `Main{}` pertenece al paquete llamado `app`, el paquete llamado `app` contendrá las clases de la capa llamada `cliente`.

```java
package app;
```

Importando las clases del paquete llamado `patron`. El paquete llamado `patron` contendrán las clases de la capa llamada `proveedor`. Lamentablemente, la configuración 1.1 debe tener acceso a todas las clases de la capa `proveedor`.

```java
import patron.Figura;
import patron.Rectangulo;
import patron.TrianguloRectangulo;
```

Declaración de la clase `Main{}`, la clase llamada `Main{}` debe ser pública. La JVM debe encontrar la clase `Main{}` para crear un instancia en memoria.

```java
public class Main {
```

Declaración del método constructor, con el nombre de `Main()`. El método `Main()` debe ser público y homónimo a la clase `Main{}`. La JVM buscará y ejecutará el método `Main()` al momento de crear una instancia de la clase `Main{}`.

```
public Main() {
    super(); //invoca el constructor de la superclase Object
}
```

Declaración de la referencia a objetos con el nombre de: `unaFigura`. La referencia `unaFigura` es del tipo `Figura{}`. La referencia `unaFigura` no está apuntando a una instancia de objeto.

```
private static Figura unaFigura = null;
```

Declaración del método `main()`, el método `main()` será buscado y ejecutado por la JVM al momento de crear la instancia de la clase `Main{}`.

```
public static void main(String[] args) {

    Main main = new Main(); //el objeto main tiene información relevante a
la clase Main{}

    //esto es un error, no es posible crear instancias de una clase
abstracta
    //Figura figura = new Figura();

    System.out.println("Polimorfismo dinámico o de referencia, una
referencia muchos objetos, con recolector de basura");
```

Esta sentencia apuntará la referencia llamada `unaFigura` al nuevo objeto creado por el constructor llamado `Rectangulo()`.

```
    unaFigura = new Rectangulo(6, 8);
```

La siguiente línea de código ejecutara el método polimórfico llamado `polimorfismo()` con el parámetro del tipo `Figura{}` y el argumento del tipo `Rectángulo{}`.

Un método es polimórfico cuando la JVM debe decidir cuál método ejecutar dependiendo del tipo de parámetro y del tipo de argumento. El JDK no puede predecir en tiempo de diseño qué método ejecutar porque no sabe el tipo de argumento del parámetro.

```
    polimorfismo(unaFigura);
```

La referencia, llamada `unaFigura`, es apuntada a un nuevo objeto creado por el constructor llamado `TrianguloRectangulo()`. El objeto rectángulo no tiene una referencia válida y debe ser limpiada por el recolector de basura. Una referencia es polimórfica si es factible cambiar el tipo de objeto referenciado.

```
    unaFigura = new TrianguloRectangulo(6, 8);
```

La siguiente línea de código ejecuta el método polimórfico llamado `polimorfismo()`, el método tiene el parámetro del tipo `Figura{}` y el argumento del parámetro del tipo `TrianguloRectángulo{}`.

```
    polimorfismo(unaFigura);
```

```
    } //Fin del cuerpo del método main()
```

El siguiente código declara el método polimórfico dinámico llamado `polimorfismo()`, los métodos polimórficos dinámicos se caracterizan por tener los parámetros de un tipo y los argumentos pueden ser de otro tipo. El parámetro es del tipo `Figura{}` y los argumentos pueden ser del tipo `Rectangulo{}` y `TrianguloRectangulo{}`. Los métodos polimórficos dinámicos tienen algoritmos polimórficos, los algoritmos polimórficos se caracterizan por tener diferentes comportamientos dependiendo del argumento asignado al parámetro. Los métodos polimórficos dinámicos envían mensajes y son recibidos por las clases que son proveedoras de los distintos comportamientos. Las clases que son clientes implementan algoritmos polimórficos y las clases que son proveedoras implementan algoritmos de comportamientos especializados. La principal característica de los algoritmos polimórficos dinámicos es que cambian su comportamiento dependiendo del argumento asignado al parámetro.

```
    //Método polimórfico o sobrecargado por el argumento del parámetro
    //El parámetro acepta tipos de argumentos distintos
    //En algunas ocasiones el argumento es del tipo rectángulo
    //  y en otras es del tipo triángulo rectángulo
    private static void polimorfismo(Figura figura) {

        //Líneas polimórficas, tienen comportamiento distinto dependiendo de la
figura
        //El compilador Java decide que comportamiento ejecutar dependiendo del
tipo
        System.out.println(figura.getClass().getName());
        System.out.println("  Altura = " + figura.getAltura());
        System.out.println("  Base = " + figura.getBase());
        System.out.println("  Área " + figura.area());
        System.out.println("  Color " + figura.obtenerColor());


    } //Fin del cuerpo del método polimórfico

}//Fin del cuerpo de la clase Main{}
```

Resumen de conceptos:
- Un método es polimórfico si es sobrecargado en sus parámetros o argumentos o ambos.
- Un algoritmo es polimórfico si envía siempre el mismo mensaje a las clases que son proveedoras de comportamientos. La clase, cliente, `Main{}` envía los mensajes `getAltura()`, `getBase()`, `area()` y `getColor()` a las clases que son proveedoras de dichos comportamientos.
- Las clases que son clientes implementan métodos y algoritmos polimórficos, los métodos polimórficos y los algoritmos polimórficos envían mensajes a las clases que son proveedoras de comportamientos especializados.

Las clases que son proveedoras implementan una única interfaz de métodos para recibir mensajes desde las clases que son clientes.

Esta línea de código indica que la clase llamada `Figura{}` pertenece al paquete llamado `patron`, el paquete con el nombre de `patron` contendrá las clases de la capa llamada `proveedor`.

```
package patron;
```

Sentencia para importar la clase llamada `Color` desde el paquete llamado `java.awt`.

```
import java.awt.Color;
```

Declaración de la clase con el nombre de `Figura{}`, la clase llamada `Figura{}` debe ser pública ya que es invocada desde el paquete `app`.

```
//Niveles de control de acceso de una clase
//1-Una clase pública puede ser accedida por cualquier clase de cualquier
    paquete.
//2-una clase sin modificador puede ser accedida por una clase de su mismo
    paquete o desde otro paquete a través de la herencia.
//Si una clase tiene una declaración de un método abstracto entonces la clase
    debe ser declarada como abstracta.

public abstract class Figura {
```

Declaración de los campos pertenecientes a la clase llamada `Figura{}`.

```
    private Integer altura = 0;
    private Integer base = 0;
```

Declaración del método constructor llamado `Figura()`, el método constructor llamado `Figura()` debe ser público y homónimo a la clase llamada `Figura{}`. El constructor es invocado al momento de crear una instancia de objeto. Es buena idea utilizar el método constructor para inicializar los campos de la clase. El método constructor es la interfaz primaria de acceso a los datos privados de la clase. Los métodos constructores pueden ser sobrecargados en sus parámetros y argumentos.

```
    public Figura(Integer b, Integer a) {
        base = b;
        altura = a;
        //super();//No es necesario invocar el constructor de una superclase
    }
```

Las siguientes declaraciones son la interfaz de métodos públicos para acceder a los datos privados.

```
    public void setAltura(Integer altura) {
        this.altura = altura;
    }

    public void setBase(Integer base) {
        this.base = base;
    }

    public Integer getAltura() {
        return altura;
    }

    public Integer getBase() {
        return base;
    }
```

Declaración de la interfaz de métodos abstractos. Los métodos abstractos deben ser sobrescritos, @Override, por la clase que herede esta clase.

```
    public abstract Integer area();

    public abstract Color obtenerColor();

}//Fin del cuerpo de la clase Figura{}
```

Resumen de los principales temas tratados en el código fuente Java

Tipos de interfaces que pueden ser declarados en una clase:
- métodos constructores
- métodos públicos
- métodos abstractos

Características de una clase declarada como abstracta:
- No se puede crear instancias de una clase declarada como abstracta
- La clase deben ser heredadas para tener acceso a sus miembros no estáticos
- Si una clase es declarada como abstracta y no es heredada, entonces es preferible que todos sus miembros públicos o protegidos sean declarados como estáticos
- Una clase puede ser declara como abstracta y no tener declaraciones de métodos abstracto. No se podrá crear instancias de la clase y obligará a que la clase deba ser heredada, o que todos sus miembros públicos o protegidos sean estáticos
- Si una clase tiene un método declarado como abstracto entonces la clase debe ser declarada como abstracta

En todas las declaraciones de métodos, se pueden sobrecargar los parámetros y los argumentos.

En una declaración de métodos, la sobrecarga de parámetros y argumentos es el mecanismo que garantiza la construcción de algoritmos polimórficos.

Esta línea de código indica que la clase llamada Rectangulo{} pertenece al paquete llamado patron, el paquete llamado patron contendrá las clases de la capa llamada proveedor.

```
package patron;
```

```
import java.awt.Color;
```

Declaración de una clase con el nombre de Rectangulo{}. La clase llamada Rectangulo{} debe ser pública ya que es invocada desde el paquete llamado app. También extiende nuevas funciones y hereda la interfaz de métodos públicos de acceso a los datos privados declarada en la clase heredada.

```
public class Rectangulo extends Figura {

    private Color color = new Color(0, 0, 0);
```

Los métodos que son constructores tienen acceso a la estructura de datos de la clase heredada, es buena idea inicializar los datos de la superclase al momento de crear una instancia de una subclase.

```java
    public Rectangulo(Integer b, Integer a) {
        super(b, a);//Ejecutar el constructor de la superclase. Acceder a
la estructura de datos de la superclase
        color = Color.orange;
    }
```

Las siguientes líneas de código sobrescriben, @Override, los métodos abstractos heredados. Los métodos que son declarados abstractos no tienen código implementado, es obligación de la subclase implementar el código faltante.

```java
    @Override
    public Integer area() {
        return this.getAltura() * this.getBase();
    }


    @Override
    public Color obtenerColor() {
        // TODO Implement this method
        return color;
    }

}//Fin del cuerpo de la clase Rectangulo{}
```

No es necesario comentar el siguiente código ya que se ha comentado anteriormente.

```java
package patron;

import java.awt.Color;

public class TrianguloRectangulo extends Figura {
    private Color color = new Color(0, 0, 0);
    public TrianguloRectangulo(Integer b, Integer a) {
        super(b, a); //Acceder a la estructura de datos de la superclase
        color = Color.green;
    }

    @Override
    public Integer area() {
        return (this.getAltura() * this.getBase()) / 2;
    }

    @Override
    public Color obtenerColor() {
        // TODO Implement this method
        return color;
    }

}//Fin del cuerpo de la clase TrianguloRectangulo{}
```

Resumen de la estructura jerárquica de clases

Las clases que son clientes envían mensajes a las subclases, las subclases administran los algoritmos implementados en su propio cuerpo y los algoritmos implementados en la superclase por medio de la herencia. La superclase obliga a la subclase a implementar determinados métodos.

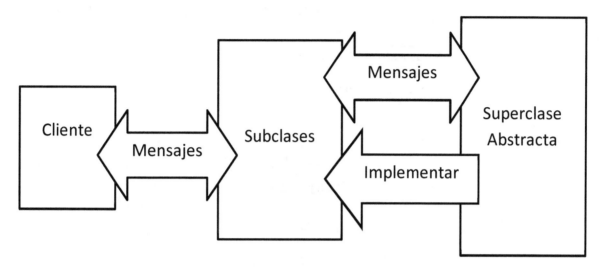

Proceso de abstracción: El proceso de abstracción radica en determinar la **estructura de datos** y la **estructura jerárquica de clases** que resuelven un problema. Dada una estructura jerárquica de clases, los programadores atentos pueden preguntar: ¿Podrá contener distintos **algoritmos** para resolver problemas?

Diagrama UML Java para la configuración 1.1 – variante 2: Muchas referencias, un objeto en memoria por referencia

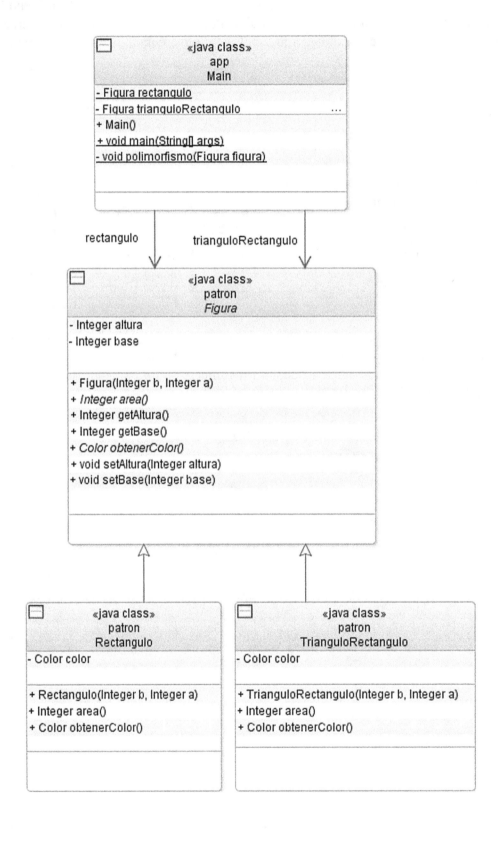

Código fuente para la configuración 1.1 – variante 2

```java
package app;

import patron.Figura;
import patron.Rectangulo;
import patron.TrianguloRectangulo;

public class Main {
    public Main() {
        super(); //invoca el constructor de la superclase Object
    }
    //declarar todas las referencias de objetos que sean necesarias
    private static Figura rectangulo = null;
    private static Figura trianguloRectangulo = null;

    public static void main(String[] args) {
        Main main = new Main(); //el objeto main tiene información
relevante a la clase Main{}

        //esto es un error, no es posible crear instancias de una clase
abstracta
        //Figura figura = new Figura();

        System.out.println("Polimorfismo dinámico o de referencia");
        System.out.println("Muchas      referencias     y     un      objeto     por
referencia");

        //crear un objeto para cada referencia
        rectangulo = new Rectangulo(6, 8);
        polimorfismo(rectangulo);

        trianguloRectangulo = new TrianguloRectangulo(6, 8);
        polimorfismo(trianguloRectangulo);

    } //Fin del cuerpo del método main()

    //Método polimórfico o sobrecargado por el argumento del parámetro
    //El parámetro acepta tipos de argumentos distintos
    //En algunas ocasiones el argumento es del tipo rectángulo
    //  y en otras es del tipo triángulo rectángulo

    private static void polimorfismo(Figura figura) {

        //Líneas      polimórficas,     tienen     comportamiento      distintos
dependiendo de la figura
```

```
        //La JVM Java decide que comportamiento ejecutar dependiendo del
tipo del argumento enviado en el parámetro

        System.out.println(figura.getClass().getName());
        System.out.println("   Altura = " + figura.getAltura());
        System.out.println("   Base = " + figura.getBase());
        System.out.println("   Área " + figura.area());
        System.out.println("   Color " + figura.obtenerColor());

    } //Fin del cuerpo del método polimórfico

} //Fin del cuerpo de la clase Main{}
```

Resumen de los temas tratados hasta el momento

La configuración 1.1 en la variante 1, declara una referencia y una instancia de objeto, la única referencia es apuntada a una nueva instancia de objeto cada vez que se necesite. El uso de memoria es reducido pero la JVM debe recolectar las instancias de objetos no referenciados.

La configuración 1.1 en la variante 2, declara muchas referencias y una instancia de objeto para cada referencia, cada referencia es apuntada a una instancia de objeto. El uso de memoria es mayor por la gran cantidad de objetos en memoria. La JVM tiene poco trabajo, ya que no debe recolectar objetos no referenciados.

Estructura de conocimiento aprendida hasta el momento. Programación con polimorfismo:
- Establecer la estructura de datos (abstracción: agrupar los "Casos de Usos")
- Establecer la estructura jerárquica de clases (abstracción: relaciones, herencia)
- Determinar un patrón de diseño (estructura por capas)
  - Determinar los algoritmos (procedimental o práctico)
    - Algoritmos especializados que resuelven el problema (proveedores)
    - Algoritmos polimórficos que usan la solución encontrada (clientes)
      - Polimorfismo estático (sobrecarga del parámetro)
      - Polimorfismo dinámico (sobrecarga de los argumentos)

Nota: En la configuración 1.1 variante 2, las modificaciones del código fuente se han realizado en la clase que tiene el rol de cliente. Las clases que tienen el rol de proveedoras no han tenido cambios en el código y han quedado igual a la configuración 1.1 variante 1.

Explicación de las líneas de código más relevantes de la configuración 1.1 – variante 2

Solamente se explicará el código fuente de la clase con el rol de cliente: `Main{}`. El resto del código fuente es idéntico a la configuración 1.1 variante 1.

```
package app;

import patron.Figura;
import patron.Rectangulo;
import patron.TrianguloRectangulo;

public class Main {
    public Main() {
        super(); //invoca el constructor de la superclase Object
    }
```

En la variante número dos, se deben crear tantas referencias de objetos como objetos se necesiten para resolver el problema.

```
    //declarar todas las referencias de objetos que sean necesarias
    private static Figura rectangulo = null;
    private static Figura trianguloRectangulo = null;
```

```
    public static void main(String[] args) {
        Main main = new Main(); //el objeto main tiene información
relevante a la clase Main{}

        //esto es un error, no es posible crear instancias de una clase
abstracta
        //Figura figura = new Figura();

        System.out.println("Polimorfismo dinámico o de referencia");
        System.out.println("Muchas       referencias   y   un   objeto   por
referencia");
```

Para cada referencia hay que crear una instancia de objeto, hay tantos objetos como referencias se hayan creado. Si la JVM halla un objeto no referenciado, lo limpiará de la memoria. La variante número dos intenta disminuir el trabajo de la JVM manteniendo todos los objetos con su correspondiente referencia durante toda la ejecución de la aplicación.

```
        //crear un objeto para cada referencia
        rectangulo = new Rectangulo(6, 8);
        polimorfismo(rectangulo);

        trianguloRectangulo = new TrianguloRectangulo(6, 8);
        polimorfismo(trianguloRectangulo);
```

```
    } //Fin del cuerpo del método main()
```

La JVM evaluará en tiempo de ejecución el argumento del método: `private static void polimorfismo(Figura figura) {...}`, para decidir que método ejecutar dada la instancia de objeto llamada `figura`, por ejemplo: `figura.getAltura();`

```
    //Método polimórfico o sobrecargado por el argumento del parámetro.
El parámetro acepta tipos de argumentos distintos. En algunas ocasiones
el argumento es del tipo rectángulo y en otras es del tipo triángulo
rectángulo.
    private static void polimorfismo(Figura figura) {
        //Líneas polimórficas, tienen comportamiento distinto dependiendo
de la figura. La JVM Java decide que comportamiento ejecutar
dependiendo del tipo del argumento enviado en el parámetro
        System.out.println(figura.getClass().getName());
        System.out.println("  Altura = " + figura.getAltura());
        System.out.println("  Base = " + figura.getBase());
        System.out.println("  Área " + figura.area());
        System.out.println("  Color " + figura.obtenerColor());
    } //Fin del cuerpo del método polimórfico
} //Fin del cuerpo de la clase Main{}
```

Resumen de los temas importantes tratados hasta el momento

La creación de métodos polimórficos permite que la JVM decida que método ejecutar, dependiendo del tipo de argumento y del tipo de parámetro. Los métodos polimórficos cumplen con dos objetivos de la programación orientada a objetos.

Objetivos de la programación orientada a objetos:

1) Reducción de la cantidad de código escrito por los programadores. En este caso, se ha escrito una línea de código que ejecuta dos comportamientos. Por ejemplo: `figura.getAltura();` es ejecutada para el cálculo del área de dos figuras distintas.

2) Creación de módulos reutilizables. En este caso, se ha utilizado el método llamado `polimorfismo()` para reutilizarlo en el cálculo del área de un cuadrilátero y en el cálculo del área de un triángulo rectángulo. También el patrón de diseño se puede reutilizar con distintos algoritmos polimórficos, por ejemplo: "no imprimir el color si el área es menor que 100".

El mecanismo del polimorfismo permite reducir el código escrito por los programadores y crear módulos reutilizables. Un programador astuto siempre encontrará la manera de escribir poco código y dejar que la JVM tenga que hacer la mayor tarea posible, al momento de resolver un problema.

Configuración 1.2 – Las referencias de objetos y los objetos son creadas usando las subclases

En la configuración 1.2, se establece una nueva restricción, no es factible crear las referencias a partir de la superclase. En esta configuración hay dos restricciones: no crear objetos de la superclase y no crear referencias de la superclase.

En la configuración 1.2, las referencias y los objetos son creados a partir de las subclases.

Código Java para crear la configuración 1.2

```
SubClase01 objeto01 = null;  //crear una referencia usando la subclase
Objeto01 = new SubClase01(); //apuntar la referencia a un nuevo objeto

SubClase02 objeto02 = null;  //crear una referencia usando la subclase
Objeto02 = new SubClase02(); //apuntar la referencia a un nuevo objeto

SubClase03 objeto03 = null;  //crear una referencia usando la subclase
Objeto03 = new SubClase03(); //apuntar la referencia a un nuevo objeto

SubClaseN objetoN = null;  //crear una referencia usando la subclase
ObjetoN = new SubClaseN(); //apuntar la referencia a un nuevo objeto
```

Propiedades de la configuración 1.2

	Crear referencias	**Crear objetos**
Superclase (abstracta)	X (restricción)	No permitido
Subclase	Si	Si

Utilidad de la configuración 1.2

Es una configuración adecuada para cuando hay pocos objetos especializados, cada objeto tiene la necesidad de implementar un algoritmo particular o único. Si son declaradas tantas referencias como objetos especializados es factible tener en memoria todos los objetos que se necesiten para resolver un problema. Cada referencia funciona como un puntero a cada objeto especializado. Los objetos pueden permanecer en memoria durante todo el tiempo de ejecución de la aplicación.

Una asignación estática significa que la referencia y la instancia de objeto se realizan con la misma clase. El compilador podrá deducir con facilidad en tiempo de diseño, el tipo de objeto declarado en un parámetro de un método. En una asignación estática el parámetro y los argumentos son del mismo tipo.

La asignación estática de cada referencia a un objeto permite aplicar el mecanismo del polimorfismo estático, cada referencia pueden enviar mensajes a un objeto especializado. Si todas las subclases implementan una interfaz única, podrán recibir mensajes idénticos desde las referencias.

Para aplicar o usar el mecanismo del polimorfismo estático se necesita enviar mensajes a los objetos por medio de una interfaz de métodos. Cada objeto deberá implementar la misma interfaz de métodos.

La declaración de métodos abstractos en la superclase especifica un contrato que las subclases deben respetar. Las subclases cumplirán con el contrato cuando implementen el código faltante. La declaración de métodos no abstractos en la superclase especifica un contrato opcional que las subclases podrían cumplir o no cumplir.

Las clases abstractas declarar dos tipos de métodos:
1. Métodos con código en el cuerpo. Las clases que hereden una clase abstracta podrán sobrescribir, opcionalmente, estos métodos.
2. Métodos sin código o sin cuerpo. Las clases que hereden una clase abstracta deben sobrescribir, obligatoriamente, estos métodos; implementando el código faltante.

Los métodos declarados como abstractos son muy usados por los analistas de sistemas para especificar requerimientos de usuarios, durante el proceso de construcción de un producto software.

El proceso de abstracción es un proceso psicológico que un humano realiza para encontrar la solución a un problema. Las clases y los métodos abstractos son herramientas que los analistas de sistemas de información utilizan para especificar la solución de un problema. Los programadores interpretan las especificaciones indicadas por los analistas de sistemas de información y escriben el código faltante o especificado.

Diagrama UML Java para la configuración 1.2

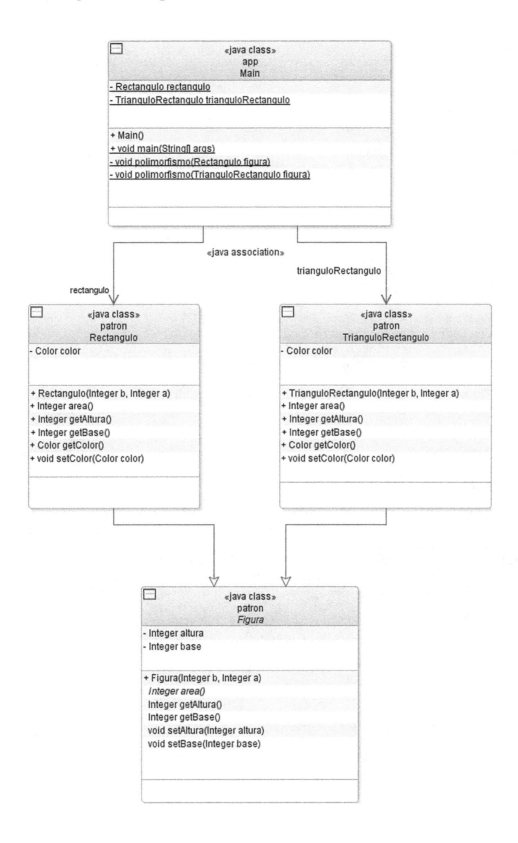

Código fuente para la configuración 1.2

```java
package app;
import patron.Rectangulo;
import patron.TrianguloRectangulo;
public class Main {
    public Main() {
        super();
    }
    private static Rectangulo rectangulo  = null;
    private static TrianguloRectangulo trianguloRectangulo = null;

    //Esta línea es un error, la clase Figura no es pública
    //La clase Figura está protegida en el paquete patron
    //private static Figura figura = null;

    public static void main(String[] args) {
        Main main = new Main();
        System.out.println("Polimorfismo por sobrecarga del parámetro del
método");
        rectangulo = new Rectangulo(3, 4);
        polimorfismo(rectangulo);
        trianguloRectangulo = new TrianguloRectangulo(5, 4);
        polimorfismo(trianguloRectangulo);

        //Esta línea es un error, la clase Figura{} no es pública
        //La clase Figura{} está protegida en el paquete patron
        //Figura figura = new Rectangulo(2,4);

        //Esto es un error, no es posible crear instancias de una clase
abstracta
        //Figura figura = new Figura();

    }
    //El compilador Java decide que método ejecutar en tiempo de ejecución
    //Método polimórfico o sobrecargado por el parámetro
    private static void polimorfismo(Rectangulo figura) {
        //Líneas no polimórficas, siempre se comportan como un rectángulo
        //El compilador Java decide que comportamiento ejecutar en tiempo de
diseño
        System.out.println(figura.getClass().getName());
        System.out.println(" Altura = " + figura.getAltura());
        System.out.println(" Base = " + figura.getBase());
        System.out.println(" Área " + figura.area());
        System.out.println(" Color " + figura.getColor());
    }

    //Método polimórfico o sobrecargado por el parámetro

    private static void polimorfismo(TrianguloRectangulo figura) {

        //Líneas no polimórficas, siempre se comportan como un triángulo
rectángulo
        //El compilador Java decide que comportamiento ejecutar en tiempo de
diseño

        System.out.println(figura.getClass().getName());
        System.out.println(" Altura = " + figura.getAltura());
```

```java
        System.out.println("  Base = " + figura.getBase());
        System.out.println("  Área " + figura.area());
        System.out.println("  Color " + figura.getColor());
    }
}


package patron;
import java.awt.Color;
public final class Rectangulo extends Figura {
    private Color color = new Color(0, 0, 0);
    public void setColor(Color color) {
        this.color = color;
    }

    public Color getColor() {
        return color;
    }
    public Rectangulo(Integer b, Integer a) {
        super(b, a);
        color = Color.orange;
    }
    @Override
    public Integer area() {
        return this.getAltura() * this.getBase();
    }
    @Override
    public Integer getAltura() {
        // TODO Implement this method
        return super.getAltura();
    }
    @Override
    public Integer getBase() {
        // TODO Implement this method
        return super.getBase();
    }
}


package patron;
import java.awt.Color;
public final class TrianguloRectangulo extends Figura {
    private Color color = new Color(0, 0, 0);
    public void setColor(Color color) {
        this.color = color;
    }
    public Color getColor() {
        return color;
    }
    public TrianguloRectangulo(Integer b, Integer a) {
        super(b, a);
        color = Color.green;
    }
    @Override
    public Integer area() {
        return (this.getAltura() * this.getBase()) / 2;
```

```
    }
    @Override
    public Integer getAltura() {
        // TODO Implement this method
        return super.getAltura();
    }
    @Override
    public Integer getBase() {
        // TODO Implement this method
        return super.getBase();
    }
}


package patron;

//Los niveles de control de acceso protected y por defecto para miembros.

//  Un miembro default puede ser accedido solo si la clase que
//     accede al miembro pertenece al mismo paquete.
//  Un miembro protected puede ser accedido por la herencia,
//     la subclase puede pertenecer al mismo paquete u otro paquete.
//Los niveles de control de acceso public y por defecto para clases.
//  Una clase pública puede ser accedida por cualquier clase de cualquier
paquete.
//  Una clase sin modificador puede ser accedida por una clase de su
mismo paquete

abstract class Figura {
    private Integer altura = 0;
    private Integer base = 0;

    public Figura(Integer b, Integer a) {
        base = b;
        altura = a;
        //super();
    }
    protected void setAltura(Integer altura) {
        this.altura = altura;
    }
    protected void setBase(Integer base) {
        this.base = base;
    }
    protected Integer getAltura() {
        return altura;
    }
    protected Integer getBase() {
        return base;
    }
    protected abstract Integer area();
}
```

Explicación de las líneas de código, más relevantes, de la configuración 1.2

Los comentarios se harán sobre los aspectos más interesantes de las líneas de código, muchas líneas de código se han discutido anteriormente.

```
package app;
```

Las siguientes líneas de código importan las clases desde el paquete llamado `patron`. El paquete llamado `patron` contendrán las clases de la capa llamada `proveedor`. Un aspecto interesante de la configuración 1.2 es que no es necesario acceder a la clase llamada `Figura{}`. La clase con el nombre de `Figura{}` debe ser encapsulada en el paquete llamado `patron`. Para encapsular una clase en un paquete se debe usar el modificador por defecto en la declaración del nombre de la clase.

```
import patron.Rectangulo;
import patron.TrianguloRectangulo;
```

```
public class Main {

    public Main() {
        super(); //es una buena costumbre ejecutar el constructor de la
superclase, toda clase hereda por defecto a la clase Object
    }
```

Declaración de las referencias a las subclases, las referencias no están apuntando a ningún objeto. La configuración 1.2 no tiene necesidad de acceder a la clase `Figura{}` por tal motivo la clase `Figura{}` ha sido declarada no pública en la capa `proveedor`.

```
    private static Rectangulo rectangulo  = null;
    private static TrianguloRectangulo trianguloRectangulo = null;
```

```
    //Esta línea es un error, la clase Figura{} no es pública
    //La clase Figura{} está protegida en el paquete patron
    //private static Figura figura = null;
```

```
    public static void main(String[] args) {
        Main main = new Main(); //el objeto main tiene información relevante
a la clase Main{}

        System.out.println("Polimorfismo por sobrecarga del parámetro del
método");
```

```
        rectangulo = new Rectangulo(3, 4);
```

Ejecución del método polimórfico estático llamado `polimorfismo()`. El parámetro y el argumento son del mismo tipo, en este caso es del tipo rectángulo.

```
        polimorfismo(rectangulo);
```

```
        trianguloRectangulo = new TrianguloRectangulo(5, 4);
```

Ejecución del método polimórfico estático llamado `polimorfismo()`. El parámetro y el argumento son del mismo tipo, en este caso es del tipo triángulo rectángulo.

```
        polimorfismo(trianguloRectangulo);

        //Esta línea es un error, la clase Figura{} no es pública
        //La clase Figura{} está protegida en el paquete patron
        //Figura figura = new Rectangulo(2,4);

        //Esto  es  un  error  por  dos  motivos:  no  es  posible  crear
instancias  de  una  clase  abstracta  ni  se  puede  tener  acceso  a  clases
protegidas  en  el  paquete
        //Figura figura = new Figura();

    } //Fin del cuerpo del método main()
```

El código siguiente implementa la declaración de los dos métodos polimórficos estáticos necesarios para resolver el problema del cálculo del área. Los dos métodos tiene el mismo nombre: `polimorfismo(...)`. Los dos métodos se diferencias por el tipo de parámetro.

Los métodos polimórficos estáticos se caracterizan por tener los parámetros y los argumentos del mismo tipo. El parámetro y el argumento son del tipo: 1) rectángulo, 2) triangulo rectángulo.

Los métodos polimórficos estáticos implementan algoritmos polimórficos estáticos. Los algoritmos polimórficos estáticos invocan comportamientos diferentes usando el mismo mensaje. Por ejemplo: `figura.getAltura();`

Los métodos polimórficos estáticos envían mensajes a las clases que tienen el rol de proveer los comportamientos deseados. Las clases que son clientes, implementan algoritmos polimórficos estáticos. Las clases que son proveedoras, implementan algoritmos de comportamientos especializados.

La principal característica de los algoritmos polimórficos estáticos es que los comportamiento y los mensajes enviados quedan definidos en el tiempo de diseño de la aplicación Java.

```
    //El compilador Java decide que método ejecutar en tiempo de diseño
según su parámetro.
    //Método polimórfico o sobrecargado por el parámetro.

    private static void polimorfismo(Rectangulo figura) {

        //Líneas polimórficas estáticas, siempre se comportan como un
rectángulo
        //El compilador Java decide que comportamiento ejecutar en tiempo
de diseño

        System.out.println(figura.getClass().getName());
        System.out.println("  Altura = " + figura.getAltura());
        System.out.println("  Base = " + figura.getBase());
        System.out.println("  Área " + figura.area());
        System.out.println("  Color " + figura.getColor());
```

```
    }//Fin del cuerpo del método polimórfico


    //El compilador Java decide que método ejecutar en tiempo de diseño
  según su parámetro
    //Método polimórfico o sobrecargado por el parámetro

    private static void polimorfismo(TrianguloRectangulo figura) {

        //Líneas polimórficas estáticas, siempre se comportan como un
  triángulo rectángulo.
        //El compilador Java decide que comportamiento ejecutar en tiempo
  de diseño.

        System.out.println(figura.getClass().getName());
        System.out.println("   Altura = " + figura.getAltura());
        System.out.println("   Base = " + figura.getBase());
        System.out.println("   Área " + figura.area());
        System.out.println("   Color " + figura.getColor());

    }//Fin del cuerpo del método polimórfico

}//Fin del cuerpo de la clase Main{}
```

Resumen de conceptos:
- Un método es polimórfico si es sobrecargado en sus parámetros o argumentos o ambos.
- Un algoritmo es polimórfico si envía el mismo mensaje a las clases proveedoras de los comportamientos especializados. En este caso, la clase con el rol de cliente envía los mensajes getAltura(), getBase(), area() y getColor() a las clases proveedoras de dichos comportamientos.
- Las clases que son clientes, implementan métodos y algoritmos polimórficos. Los algoritmos polimórficos envían mensajes a las clases proveedoras de comportamientos especializados.
- Las clases que tienen el rol de proveedoras implementan una única interfaz de métodos para recibir mensajes desde las clases que tienen el rol de clientes.

Las siguientes clases pertenecen al paquete con el nombre de "patron". Estas clases proporcionarán los comportamientos específicos.

Muchas de estas líneas de código ya fueron comentadas anteriormente, se comentarán los aspectos más relevantes.

```
package patron;
```

Las siguientes líneas de código declaran la clase llamada Figura{}, la clase llamada Figura{} es declarada sin el modificador de acceso, el modificador de acceso por defecto indica que la clase es protegida en el paquete que la contiene.

Modificadores de acceso para campos de una clase:
1. public: cualquier clase tiene acceso al campo (no recomendado)
2. private: ninguna clase tiene acceso al campo (recomendado)
3. protected: las clases del mismo paquete y las clases que heredan los campos pueden

acceder a dicho campos, las clases que son herederas y las que son heredadas pueden estar en distintos paquetes (solamente cuando es necesario)

4. sin modificador: el campo que tiene el modificador por defecto es accedido por las clases que pertenecen al mismo paquete (solamente cuando es necesario)

Modificadores de acceso para clases:

1. `public`: las clases públicas pueden ser accedidas desde cualquier paquete (solamente cuando es necesario)
2. sin modificador: una clase declarada sin modificador es accedidas por las clases de su mismo paquete o desde otro paquete a través de la herencia (recomendado)

El modificador `abstract` para métodos y clases:

- Si un método es declarado abstracto no podrá tener implementado código Java, si una clase tiene un método abstracto entonces la clase también deberá declararse abstracta. No es factible instanciar objetos de una clase abstracta. El código Java faltante deberá ser implementado por la clase que se relacione a través de la herencia con la clase abstracta.
- Si una clase es declarada abstracta no se podrá instanciar objetos de ella sin importar si tiene o no tiene declarado un método abstracto. La única forma de acceder a una clase abstracta es a través de la herencia. El modificador `abstract` es incompatible con el modificador `final`. El modificador `final` es usado para impedir que una clase sea heredada por otra clase.

```
//Los niveles de control de acceso protected y por defecto para miembros
  de una clase:
//  Un miembro default puede ser accedido sólo si la clase que
//    accede al miembro de la clase pertenece al mismo paquete.
//   Un miembro declarado como protected puede ser accedido por la
  herencia, la subclase puede pertenecer al mismo paquete u otro paquete.
//Los niveles de control de acceso public y por defecto para clases:
//  Una clase pública puede ser accedida por cualquier clase de cualquier
  paquete
//   Una clase sin modificador puede ser accedida por una clase de su
  mismo paquete o desde otro paquete a través de la herencia

abstract class Figura {
```

```
    private Integer altura = 0;
    private Integer base = 0;
```

El siguiente código es la declaración del método constructor llamado `Figura()`, el método llamado `Figura()` debe ser público y homónimo a la clase llamada `Figura{}`. Es buena idea utilizar el método constructor para inicializar los campos de la clase. El método constructor es la interfaz primaria de acceso a los datos privados de la clase. Si una clase es abstracta su método constructor puede ser invocado por la clase que lo herede.

```
    public Figura(Integer b, Integer a) {
        base = b;
        altura = a;
        //super();//No es necesario invocar el constructor de una superclase
    }
```

Las siguientes líneas de códigos son la declaración de la interfaz de métodos de acceso a datos privados de la clase. Si un método es declarado sin modificador, sólo podrán tener acceso al método las clases de su mismo paquete. Los métodos pueden tener cuatro modificadores:

1. sin modificador: sólo las clases del mismo paquete acceden al método
2. `protected`: sólo las clases del mismo paquete acceden al método y las clases que hereden al método, las clases que hereden al método pueden estar en otro paquete
3. `public`: todas las clases pueden acceder al método
4. `private`: ninguna clase puede acceder al método, sólo la propia clase puede acceder al método

```
void setAltura(Integer altura) {
    this.altura = altura;
}

void setBase(Integer base) {
    this.base = base;
}

integer getAltura() {
    return altura;
}

integer getBase() {
    return base;
}
```

La siguiente línea de código es la declaración de la interfaz de métodos abstractos, habrán tantos métodos llamado `area()` como subclases existan. Los métodos abstractos deben ser sobrescritos por la clase que herede esta clase. Si un método es declarado sin el modificador de acceso, entonces sólo podrán tener acceso al método las clases de su mismo paquete.

Nota importante y un detalle fascinante sobre el polimorfismo en Java: Hay que comprender que se ha escrito una línea de código, y es correcto decir: "interfaz de métodos abstractos". En el futuro las clases que tengan el rol de clientes podrán crear muchos objetos de diferentes tipos, cada tipo de objeto implementará una versión diferente del método llamado `area()`.

```
    abstract Integer area(); //Declaración de la: "interfaz de métodos
abstractos"

}//Fin del cuerpo de la clase Figura{}
```

Esta línea de código indica que la clase `Rectangulo{}` pertenece al paquete llamado `patron`, el paquete con el nombre de `patron` contendrá las clases de la capa llamada `proveedor`.

```
package patron;
```

```
import java.awt.Color;
```

La siguiente línea de código es la declaración de la clase llamada `Rectangulo{}`, es una clase pública ya que será invocada desde el paquete con el nombre de `app`. La clase `Rectangulo{}`

es extendida desde la clase llamada `Figura{}` y hereda la interfaz de métodos públicos de acceso a los datos privados de la clase `Figura{}`. El modificador **final** indica que la clase `Rectangulo{}` no podrá ser heredada por otra clase, los programadores obligatoriamente deberán instanciar un objeto de la clase `Rectangulo{}`.

```java
public final class Rectangulo extends Figura {

    private Color color = new Color(0, 0, 0);

    public Rectangulo(Integer b, Integer a) {
        super(b, a); //Ejecutar el constructor de la superclase.
        color = Color.orange;

    }

    public void setColor(Color color) {
        this.color = color;
    }

    public Color getColor() {
        return color;
    }
```

Las siguientes líneas de código sobrescriben los métodos abstractos heredados desde la superclase. El método que es sobrescrito implementará el código especializado o de mayor concreción que el código implementado en la superclase. Cada subclase implementará una versión de código más especializado o de mayor concreción. Normalmente las superclases implementan un código de un nivel mayor de abstracción, y las subclases implementan un código de un nivel mayor de concreción o especialización. También es recomendable implementar en la superclase el código que todas las subclases necesiten. Si hay una subclase que necesita código exclusivo, sería mejor que esas clases se hagan cargo del código exclusivo. Cuando las subclases necesitan implementar un código exclusivo, la superclase declarará un método con el modificador de abstracto. Si las subclases necesitan ejecutar código compartido, entonces, la superclase implementará métodos con código en su cuerpo.

```java
    @Override
    public Integer area() {
        //implementar el código faltante en la superclase
        //implementación del código especializado o de mayor concreción
        return this.getAltura() * this.getBase();
    }


    @Override
    public Integer getAltura() {
        // TODO Implement this method
        //ejecutar el código de mayor abstracción, implementado en la
superclase
        return super.getAltura();
    }
```

```
    @Override
    public Integer getBase() {
        // TODO Implement this method
        //ejecutar el código de mayor abstracción, implementado en la
    superclase
        return super.getBase();
    }

}//Fin del cuerpo de la clase Rectangulo{}
```

Resumen del código comentado

Características del código escrito en la superclase:
- El código implementado en los métodos con cuerpo, no abstractos, son métodos que tienen un nivel de abstracción mayor.
- Los métodos no abstractos son compartidos o usados por todas las subclases.
- Los métodos declarados como abstractos no tienen código implementado, no tienen cuerpo.
- Si un método es ha declarado como abstracto, significa que la superclase renunció a implementar una versión del método.
- Los métodos declarados como abstractos deben ser obligatoriamente sobrescritos en las subclases.

Características del código en las subclases:
- El código escrito en los métodos es de un nivel mayor de concreción o especialización
- Las subclases están obligadas a sobrescribir los métodos abstractos de la superclase
- Pueden, opcionalmente, sobrescribir los métodos no abstractos de la superclase
- Si las subclases sobrescriben un método no abstracto, están intentando:
  - Implementar los métodos con nuevas características
  - Implementar una nueva versión más concreta o con un nivel menor de abstracción
  - Implementar una nueva versión para reemplazar totalmente al código de la superclase

Ejemplo de abstracción en la superclase: todas las figuras tienen lados, los cuadriláteros y los triángulos que son rectángulos tiene en común la base y la altura.

Ejemplo de especialización en una subclase: el área del cuadrilátero se calcula específicamente de la siguiente forma: (base * altura)

Ejemplo de especialización en una subclase: el área del triángulo-rectángulo se calcula específicamente de la siguiente forma: ((base * altura) / 2)

Con respecto a la propiedad color de las figuras, es responsabilidad de los analistas decidir si la propiedad color será implementada en la superclase o implementada en las subclases. El proceso de abstracción es la tarea de decidir cómo se agruparán las propiedades del problema a resolver. Siempre será responsabilidad de los analistas y de los programadores decidir qué nivel de abstracción tendrá una propiedad de un objeto.

Durante el proceso de desarrollo en la construcción de un producto software los analistas y los programadores participan en la solución de un problema separando o agrupando las propiedades y los procedimientos que dan solución al problema propuesto.

La jerarquía de clases es una construcción que ayuda a separar y agrupar las propiedades y procedimientos que definen los objetos que participan en la solución de un problema. En una jerarquía de clases relacionadas por la herencia, las clases que tienen el rol de ser superclases implementarán los aspectos generales o más abstractos del problema a resolver. Y las clases que tienen el rol de ser subclases implementarán los aspectos particulares o más concretos de la solución propuesta.

El siguiente gráfico muestra los conceptos explicados

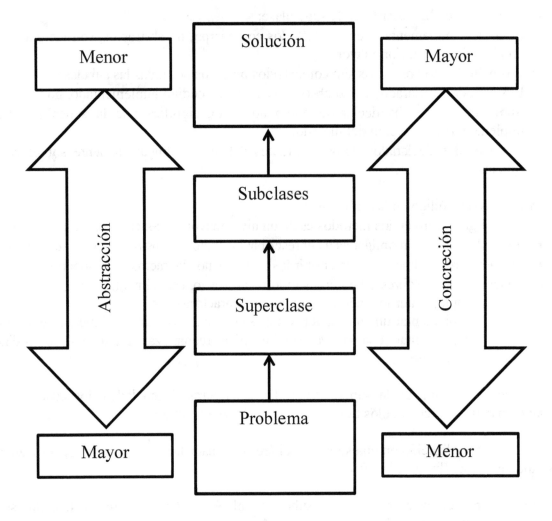

El siguiente grafico muestra la relación que hay entre el patrón de diseño y los algoritmos polimórficos

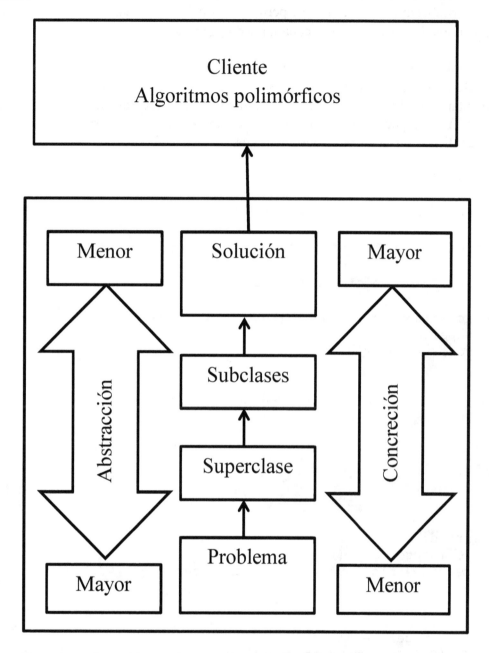

En programación orientada a objetos el concepto de polimorfismo se puede usar como sinónimo de reutilización, los algoritmos polimórficos son las distintas formar de utilizar una solución, Por ejemplo: si en un patrón de diseño implementa la solución de los movimientos de los personajes de un juego, los algoritmos polimórficos serán las distintas formas de usar los movimientos de los personajes.

Nota y detalle a tener en cuenta: Algunos problemas tienen soluciones con un nivel de abstracción mayor, por ejemplo: los científicos que estudian las galaxias lejanas buscan las soluciones generales que expliquen los procesos cosmológicos.

Las siguientes líneas de código implementan una clase con el nombre de: TrianguloRectangulo{}, la clase pertenece al paquete llamado patron. El paquete llamado patron contendrá las clases de la capa llamada proveedor.

Esta clase implementará el mayor nivel de concreción para los triángulos que son rectángulos. Los detalles de mayor nivel de abstracción serán heredados de la clase llamada Figura{}. También implementará una interfaz de métodos públicos para ofrecerán los servicios que los clientes requieran. Y se especializará en el cálculo de los triángulos que son rectángulos, los clientes solicitarán dichos servicios enviando mensajes.

```java
package patron;

import java.awt.Color;

public final class TrianguloRectangulo extends Figura {

    private Color color = new Color(0, 0, 0);

    public TrianguloRectangulo(Integer b, Integer a) {
        super(b, a);
        color = Color.green;
    }

    public void setColor(Color color) {
        this.color = color;
    }

    public Color getColor() {
        return color;
    }

    @Override
    public Integer area() {
        return (this.getAltura() * this.getBase()) / 2;
    }

    @Override
    public Integer getAltura() {
        // TODO Implement this method
        return super.getAltura();
    }

    @Override
    public Integer getBase() {
        // TODO Implement this method
        return super.getBase();
    }
}//Fin del cuerpo de la clase TrianguloRectangulo{}
```

Grupo número dos de configuraciones

En el grupo de configuraciones número dos, las subclases son declaradas con el modificador: `abstract`. La configuración, de subclases declaradas como abstractas, no es recomendable. Seguramente algunos problemas particulares necesiten este tipo de configuración.

En el grupo dos hay dos posibilidades para usar el patrón de diseño:
- Posibilidad 1: heredar las subclases abstractas del patrón de diseño (recomendado)
- Posibilidad 2: declarar las referencias a las instancias de objetos y las instancias de objetos usando la superclase (no recomendado)

En la posibilidad número dos: no es posible aplicar el mecanismo del polimorfismo, no es factible diferencias los tipos de objetos.

Declarar las subclases como clases abstractas es una situación excepcional y en gran medida dependerá del problema a resolver. Es recomendable intentar, en una primera instancia, declarar a la superclase con el modificador de clase abstracta.

¿Qué pasa si son declaradas las subclases con el modificador de clase abstracta?

Al declarar una subclase con el modificador de clase abstracta se impone una restricción muy grande y el compilador de Java dará errores cada vez que se intente construir un objeto de una subclase abstracta. Hay que recordar que no es factible instanciar objetos desde una clase abstracta.

Propiedades de la configuración 2

	Crear referencias	Crear objetos	
Superclase	Si	Si	No tiene mucha utilidad
Subclase (`abstract`)	Si	No permitido	Da error del compilador (Heredar el patrón de diseño para saltar los errores)

Las clases que tienen el rol de clientes del patrón de diseño, no pueden usar el patrón de diseño eficazmente. Es aconsejable que las clases que tienen el rol de clientes del patrón de diseño hereden al patrón de diseño.

Muchas de las siguientes líneas de código Java generarían errores del compilador en tiempo de diseño.

```
package app;

import patron.Figura;
import patron.Rectangulo;
import patron.TrianguloRectangulo;

public class Main {

    //Esto no es un error: el compilador podrá crear referencias de clases
    abstractas y no abstractas sin problema
    //El problema radica, más tarde, al momento de crear los objetos de clases
```

```
abstractas con sus respectivos métodos constructores
  private static Figura figura = null;
  private static Rectangulo rectangulo = null;
  private static TrianguloRectangulo trianguloRectangulo = null;
  public Main() {
      super();
  }
  public static void main(String[] args) {
      Main main = new Main();
      ////////////////////////////////////
      //Esto no es un error. No tiene mucha utilidad crear referencias y
objetos de una superclase
      figura = new Figura();

      //Error: no es factible crear objetos de clases abstractas
      figura = new Rectangulo();

      //Error: no es factible crear objetos de clases abstractas
      figura = new TrianguloRectangulo();

      ////////////////////////////////////
      //Error de tipos: no se puede crear referencias de una subclase y
objetos de una superclase
      //Siempre la referencia y el objeto construido deben ser del mismo tipo
      rectangulo = new Figura();

      //Error de tipos: no se puede crear referencias de un tipo y objetos de
otro tipo
      //Siempre la referencia y el objeto construido deben ser del mismo tipo
      //Error: no es factible crear objetos de clases abstractas
      rectangulo = new TrianguloRectangulo();

      //Error: no es factible crear objetos de clases abstractas
      rectangulo = new Rectangulo();

      ////////////////////////////////////
      //Error de tipos: no se puede crear referencias de una subclase y
objetos de una superclase
      //Siempre la referencia y el objeto construido deben ser del mismo tipo
      trianguloRectangulo = new Figura();

      //Error de tipos: no se puede crear referencias de un tipo y objetos de
otro tipo
      //Siempre la referencia y el objeto construido deben ser del mismo tipo
      //Error: no es factible crear objetos de clases abstractas
      trianguloRectangulo = new Rectangulo();

      //Error: no es factible crear objetos de clases abstractas
      trianguloRectangulo = new TrianguloRectangulo();

  }
}
```

Solución a los problemas presentados por las subclases que son declaradas como abstractas

La solución es heredar las subclases del patrón de diseño por parte de las clases que tengan el rol de cliente. Las clases que tienen el rol de cliente, deberán heredar al patrón de diseño.

El siguiente diagrama de clases en Java y el código Java asociado a este diagrama, muestran la forma de heredar un patrón de diseño. El código no será comentado, fue comentado en los ejemplos anteriores. Es recomendable que el programador escriba el código en su IDE favorito.

El secreto está en comprender que se han creado dos nuevas clases que cumplen la función de puente entre la clase que es cliente y el patrón de diseño.

Diagrama de clases Java en UML – Configuración 2, posibilidad 1 (Heredar un patrón)

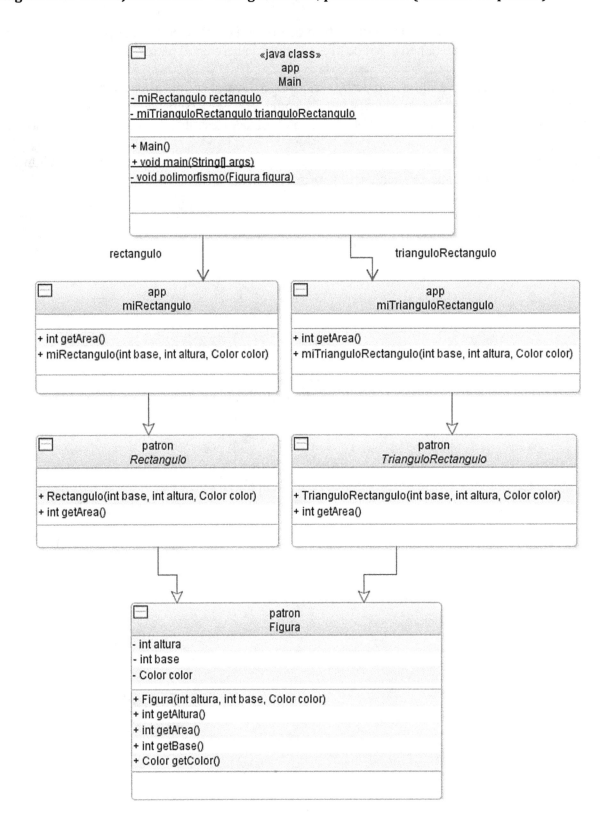

Código fuente de la configuración 2, posibilidad 1 (Heredar un patrón)

```java
package app;

import java.awt.Color;

import patron.Figura;

//Clase cliente del patrón de diseño
public class Main {

    //Declaración de las referencias
    private static miRectangulo rectangulo = null;
    private static miTrianguloRectangulo trianguloRectangulo= null;

    public Main() {
        super();
    }

    public static void main(String[] args) {
        Main main = new Main();

        //Apuntar la referencia a un nuevo objeto
        rectangulo = new miRectangulo(3, 4, new Color(128, 128, 128));

        //Invocar al método polimórfico con el argumento del tipo
rectángulo
        polimorfismo(rectangulo);

        //Apuntar la referencia a un nuevo objeto
        trianguloRectangulo =    new miTrianguloRectangulo(5,  6,  new
Color(128, 128, 128));

        //Invocar al método polimórfico con el argumento del tipo
triángulo rectángulo
        polimorfismo(trianguloRectangulo);

    }

    //Este método es polimórfico por sobrecarga del argumento en el
parámetro
    private static void polimorfismo(Figura figura) {
        //Este algoritmo es polimórfico ya que su comportamiento
depende del argumento en el parámetro
        //La JVM en tiempo de ejecución decidirá qué método ejecutará
dependiendo del tipo de argumento
        System.out.println("Tipo:   "  +  figura.getClass().getName());
//obtener el tipo
        System.out.println("  Base: " + figura.getBase());
        System.out.println("  Altura: " + figura.getAltura());
        System.out.println("  Color: " + figura.getColor());
        System.out.println("  Área: " + figura.getArea());
    }
```

```
}

package app;

import java.awt.Color;

import patron.Rectangulo;

//Clase puente a una clase abstracta
public class miRectangulo extends Rectangulo {

    public miRectangulo(int base, int altura, Color color) {
        super(base, altura, color);
    }

    //Sobrescribir los métodos a especializar o renunciados por la
superclase
    @Override
    public int getArea() {
        // TODO Implement this method
        //Implementar código especializado o de mayor nivel de concreción
        //Si no se desea implementar nuevo código, invocar el código
implementado en la superclase
        return super.getArea();
    }

}

package app;

import java.awt.Color;

import patron.TrianguloRectangulo;

//Clase puente a una clase abstracta
public class miTrianguloRectangulo extends TrianguloRectangulo {

    public miTrianguloRectangulo(int base, int altura, Color color) {
        super(base, altura, color);
    }

    //Sobrescribir los métodos a especializar o renunciados por la
superclase
    @Override
    public int getArea() {
        // TODO Implement this method
        //Implementar código especializado o de mayor nivel de concreción
        //Si no se desea implementar nuevo código, invocar el código
implementado en la superclase
        return super.getArea();
    }

}
```

```java
package patron;

import java.awt.Color;

//Esta clase es accedida por las clases clientes en tiempo de diseño
//Esta clase es accedida por las subclases en tiempo de ejecución
public class Figura {
    //estructura de datos de mayor nivel de abstracción, datos en común
para todas las figuras
    private int altura = 0, base = 0;
    private Color color = null;

    //interfaz de construcción de objetos
    public Figura(int altura, int base, Color color) {
        super();
        this.altura = altura;
        this.base = base;
        this.color = color;
    }

    //Los siguientes métodos tienen acceso a la estructura de datos
    public int getAltura() {
        return altura;
    }

    public int getBase() {
        return base;
    }

    public Color getColor() {
        return color;
    }
    //Este método será sobrescrito en las subclases
    public int getArea() {
        //Las subclases, especializadas, se harán cargo del cálculo del
área para cada tipo de figura
        return 0; //Yo renuncio a implementar el cálculo del área de las
figuras
    }
}

package patron;

import java.awt.Color;

//Una clase abstracta puede tener o no tener métodos abstractos
public abstract class Rectangulo extends Figura {

    public Rectangulo(int base, int altura, Color color) {
        super(base, altura, color);
    }

    //Sobrescribir los métodos a especializar o renunciados por la
superclase
```

```java
    @Override
    public int getArea() {
        // TODO Implement this method

        //Implementar código especializado o de mayor nivel de concreción

        return super.getBase() * super.getAltura();
    }
}

package patron;

import java.awt.Color;

//Una clase abstracta puede tener o no tener métodos abstractos
public abstract class TrianguloRectangulo extends Figura {

    public TrianguloRectangulo(int base, int altura, Color color) {
        super(base, altura, color);
    }

    //Sobrescribir los métodos a especializar o renunciados por la
superclase
    @Override
    public int getArea() {
        // TODO Implement this method
        //Implementar código especializado o de mayor nivel de concreción
        return (super.getBase() * super.getAltura()) / 2;
    }

}
```

Fin del capítulo I – "Cómo utilizar las clases abstractas en la herencia de clases"

Resumen de los temas más importantes del Capítulo I

¿Qué rol cumplen las declaraciones de métodos abstractos en una superclase?

Las declaraciones de métodos abstractos en las superclases son contratos que las subclases deben respetar e implementar en código Java. Cuando una superclase declara métodos abstractos las subclases están obligadas a sobrescribir e implementar los métodos abstractos.

¿Qué sucede si una subclase renuncia al contrato y no sobrescribe los métodos abstractos?

La subclase no puede renunciar, debe sobre escribir los métodos abstractos.

¿Qué sucede si una subclase sobrescribe el método abstracto, pero renuncia a implementar el código faltante?

Si, la subclase puede renunciar. El código faltante quedará a la espera a que otra clase lo implemente.

Hay tres tipos de relaciones entre clases en Java:
1. Herencia: usando la palabra clave "extends", es cuando una clase es extendida a partir de otra clase. (es una relación de extensión entre clases).
2. Tiene: usando la palabra clave "new", es cuando una clase crea una instancia de objeto usando el método constructor de otra clase. (relación de pertenecer, una clase tiene una instancia de objeto)
3. Es parte: usando la palabra clave "interface", es cuando una clase es parte de otra clase. (relación de composición).

El tema de las clases que son interfaces se tratará en Capítulo II.

En cualquiera de los tres tipos de relaciones, es posible sobrescribir los métodos.

Este es un ejemplo donde se ha sobrescrito un método en la creación de una instancia de objeto:
```
unaFigura = new Rectangulo(6, 8){
    @Override
    public Integer area() {
        // TODO Implement this method
        //return  super.area();  //renunciar  al  código  en  la
jerarquía de clases
        //Implementar nuevo código especializado
        return this.getAltura() * this.getBase();
    }
};
```

¿Qué implica sobrescribir un método?

Siempre implicará especializar o elevar el nivel de concreción de una solución a un problema planteado. Es opcional escribir o no escribir código Java en el cuerpo de un método sobrescrito.
- Si el método es declarado como abstracto: la implementación de código Java se dejara para más tarde en el desarrollo de un producto software.
- Si el método no es abstracto: El código implementado en el cuerpo del método será una nueva versione de código existente.
- Sobrescribir un método implicará cambios en:
  o La respuesta
  o El comportamiento

La importancia de declarar los métodos con el modificador de acceso de público: public

Sobrescribir los métodos públicos es una forma adecuada de comunicación entre las clases que forman árboles de herencias. Los envíos de mensajes se utilizan para recorrer los árboles jerárquicos. El acto de sobrescribir los métodos públicos, es una forma de relacionar las clases usando el envío de mensajes. El nombre del método es el mensaje, los argumentos de los parámetros son el contenido del mensaje. Las respuestas del mensaje son los "return" del método, y el algoritmo implementado en el cuerpo del método es el comportamiento esperado. El comportamiento esperado depende del algoritmo y los argumentos de los parámetros. Por definición el polimorfismo es lograr distintos comportamientos, dependiendo de los argumentos del parámetro.

Si el mecanismo del polimorfismo se ha aplicar correctamente, entonces se ha logrado reutilizar el código implementado. La reutilización de código es uno de los objetivos de la programación orientada a objetos.

Estructura de una declaración de un mensaje		
Tipo de retorno o respuesta	**Nombre del método o mensaje**	**Contenido del mensaje: son los argumentos de los parámetros**
`public Integer`	`areaRectangulo`	`(Integer base, Integer altura) {`
`return (base * altura); //algoritmo o comportamiento`		
`}`		

Las clases que pretenden recibir mensajes deben declarar métodos públicos, las clases que implementan métodos públicos pueden recibir mensajes y ejecutar un algoritmo dependiendo del contenido enviado en los argumentos del parámetro. Para enviar un mensaje es necesario instanciar un objeto de una clase que haya declarado una estructura de un mensaje.

Ejemplo de envío de un mensaje:
```
NombreClasa objeto = new NombreClase();//crear un objeto
Integer respuesta = objeto.areaRectangulo(4, 5);//enviar un mensaje
System.out.println("Área = " + respuesta);//imprimir la respuesta
```

Descripción del mensaje:
- Tipo de respuesta: Un entero
- Nombre del mensaje: areaRectangulo
- Contenido del mensaje: base = 4, altura = 5
- Respuesta del mensaje: 20
- Comportamiento esperado: calcular el área de un rectángulo

La importancia de los métodos que son sobrescritos: Cuando una clase sobrescribe los métodos de otra clase, está intentando comunicarse con ella para enviarle mensajes y obtener una respuesta. La forma de remplazar la respuesta de un mensaje es sobrescribir el mensaje e implementar un nuevo algoritmo.

Si una clase es declarada abstracta necesariamente deberá ser heredada por otra clase para tener la posibilidad de sobrescribir sus métodos abstractos.

Cuando sobrescribir los métodos que son abstractos:
1. Cuando se usa la palabra clave: `extends` (relación: extensión, herencia)
2. Cuando se usa la palabra clave: `implements` (relación: agregación)
3. Cuando se usa la palabra clave: `new` (relación: composición)

Los métodos que no fueron declarados como abstractos también pueden ser sobrescritos usando la etiqueta `@Override`, no es obligatorio sobrescribir los métodos no abstractos.

Capítulo II

¿Cómo utilizar las clases que son del tipo Interfaz en la relación de herencia entre clases?

Grupo número tres de configuraciones

En el grupo número tres de configuraciones las superclases implementan la interfaz con prototipos de métodos abstractos, dentro de este grupo hay dos configuraciones. La configuración número uno crea las referencias de objetos usando las superclases y la creación de los objetos usando las subclases. La segunda configuración crea las referencias de objetos y los objetos usando las subclases.

Este grupo no tiene restricciones, es factible crear referencias a objetos y crear objetos usando los constructores de las subclases y superclase indistintamente.

La utilización de clases abstractas tienen muchas restricciones en comparación con la utilización de las interfaces, la utilización de las interfaces permiten una mayor flexibilidad a la hora de utilizar el patrón de diseño por parte de las clases que tienen el rol de clientes.

Propiedades del grupo tres:

	Crear referencias	Crear objetos
Superclase (Interfaz)	Si	Si
Subclase	Si	Si

Las configuraciones de este grupo, forman una arquitectura adecuada para construir un patrón de diseño basado en la relación de herencia entre clases.
1. Configuración 3.1: las referencias son declaradas usando las superclases. Y los objetos son declarados usando las subclases.
2. Configuración 3.2: las referencias y objetos son declarados usando las subclases.

¿Qué es una interfaz?

Una interfaz es una clase especial que tiene todos sus métodos declarados como abstractos. También se pueden declarar, en el cuerpo de la interfaz, los campos que serán constantes.

Una interfaz, en Java, es una colección de métodos abstractos y campos constantes.

Rol de las interfaces en el desarrollo de un producto software:
- Especifica: ¿Qué se debe hacer para solucionar un problema?
- No especifica: ¿Cómo solucionar un problema?

Las interfaces son usadas durante la fase de análisis en el desarrollo de un producto software. Las clases que implementen estas interfaces escriben la lógica del comportamiento de los métodos abstractos.

El uso de las interfaces Java proporciona las siguientes ventajas:

- Ayuda en el proceso de abstracción en el proceso de análisis del problema a resolver
- Permite organizar el sistema en módulos.
- Establece las relaciones de composición entre las partes de un software, Las clases pueden implementar más de una interfaz por clase.

Las clases que implementan una o más interfaces están obligadas a sobrescribir todos los métodos declarados en las interfaces.

Ejemplo de declaración de una interfaz:

```
public abstract interface circulo {
    //superficie = pi * radio^2      //módulo de cálculo
    //perimetro = 2 * pi * radio     //módulo de cálculo
    public static float pi = 3.14f;  //campo constante
    public static float pi2 = 6.28f; //campo constante
    public abstract float superficieCirculo(int radio);   //método
    abstracto
    public abstract float perimetroCirculo(int radio);    //método
    abstracto
}
public abstract interface Figura {
    public static String tipoFigura = "anguloRecto"; //campo constant.
    public abstract int calcularArea(int base, int altura); //método
    abstracto.
}
```

La siguiente imagen muestra el proceso de abstracción de la solución de un problema.

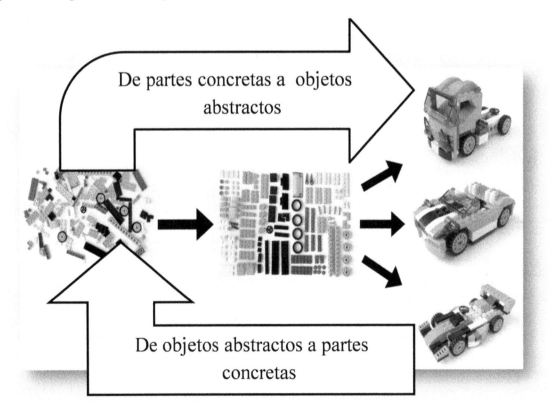

De partes concretas a objetos abstractos

De objetos abstractos a partes concretas

Los analistas aman las declaraciones de las interfaces, más tarde los diseñadores y los programadores estarán obligados a implementar los módulos definidos pos los analistas de sistemas de información.

Las interfaces son el mayor nivel de abstracción posible en el proceso de construcción de un producto software, ya que pueden especificar los requerimientos de usuarios. La educción de los requerimientos de usuarios es la primera tarea a realizar. Los diseñadores y programadores deberán concretar, más tarde, los algoritmos que solucionen los problemas planteados.

Configuración 3.1 - Creando las referencias de objetos usando la superclase y la creación de los objetos usando las subclases.

En la configuración 3.1 se introducen dos restricciones que obligan a la arquitectura a funcionar adecuadamente y también hacen un buen uso del patrón de diseño basado en la herencia entre clases.

Propiedades de la configuración 3.1

	Crear referencias	**Crear objetos**
Superclase (Interfaz)	Si	X(Restricción)
Subclase	X(Restricción)	Si

Esta configuración tiene dos variantes:
3. Creación de una referencia usando la superclase y muchos objetos usando las subclases (consume poca memoria. El recolector de basura tiene mucho trabajo).
4. Creación de muchas referencias usando la superclase y un objeto para cada referencia usando las subclases (consume más memoria. El recolector de basura tiene poco trabajo).

Características de la configuración 3.1 – variante 1: una referencia y muchos objetos

Características:
- Una referencia
- Muchos objetos pero solamente un objeto en memoria
- Asignación dinámica de la referencia a nuevos objetos
- Poco consumo de memoria
- El recolector de basura de la JVM tiene mucho trabajo limpiando los objetos no referenciados

Diagrama de clase Java en UML para la configuración 3.1 – variante 1: una referencia y muchos objetos

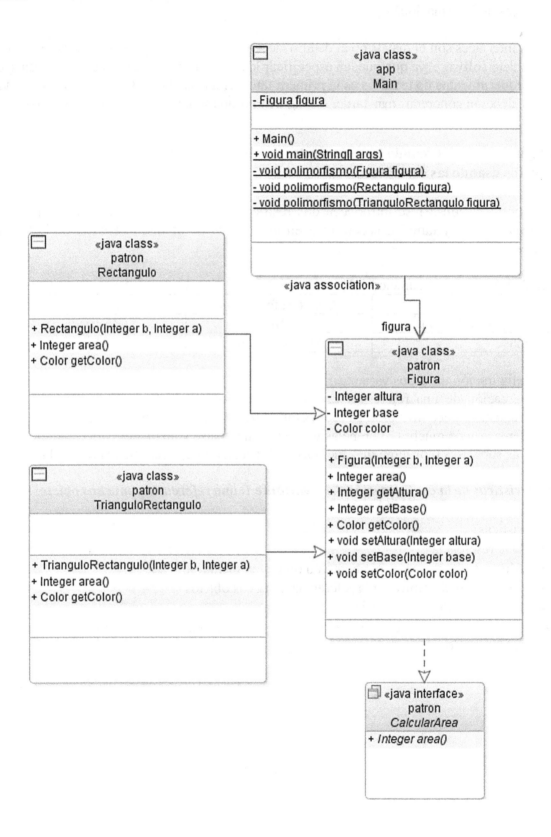

Código fuente para la configuración 3.1 – variante 1

```java
package app;

import patron.Figura;
import patron.Rectangulo;
import patron.TrianguloRectangulo;

public class Main {
    private static Figura figura = null;
    public Main() {
        super();
    }

    public static void main(String[] args) {

        Main main = new Main();
        System.out.println("Polimorfismo dinámico, una referencia muchos
objetos, con recolector de basura");
        figura = new Rectangulo(3, 4);
        polimorfismo(figura);
        figura = new TrianguloRectangulo(5, 4);
        polimorfismo(figura);

    }
    //Método polimórfico o sobrecargado por el argumento del parámetro
    //El parámetro acepta tipos de argumentos distintos
    //En algunas ocasiones el argumento es del tipo rectángulo
    //   y en otras es del tipo triángulo rectángulo
    private static void polimorfismo(Figura figura) {

        //Líneas polimórficas, tienen comportamiento distinto dependiendo
de la figura
        //El  compilador  Java  decide  que  comportamiento  ejecutar
dependiendo del tipo de argumento
        System.out.println(figura.getClass().getName());
        if(figura.area()>10)
          System.out.println("  Color = " + figura.getColor());
        System.out.println("  Altura = " + figura.getAltura());
        System.out.println("  Base = " + figura.getBase());
        System.out.println("  Área = " + figura.area());
    }

    private static void polimorfismo(Rectangulo figura) {
        //acceder a los métodos de Rectangulo{}, si es necesario

    }

    private static void polimorfismo(TrianguloRectangulo figura) {
        //acceder a los métodos de TrianguloRectangulo{}, si es necesario

    }
}//Fin del cuerpo de la clase Main{}
```

```java
package patron;

public interface CalcularArea {
    //agregar todas las obligaciones de implementación para la clase
Figura{}
    public Integer area();
}

package patron;

import java.awt.Color;

public class Figura implements CalcularArea {
    private Integer altura = 0;
    private Integer base = 0;
    private Color color = null;

    public Figura(Integer b, Integer a) {
        base = b; altura = a;
        //super();
    }
    public void setAltura(Integer altura) {
        this.altura = altura;
    }

    public void setBase(Integer base) {
        this.base = base;
    }

    public Integer getAltura() {
        return altura;
    }

    public Integer getBase() {
        return base;
    }

    public void setColor(Color color) {
        this.color = color;
    }

    public Color getColor() {
        return color;
    }

    @Override
    public Integer area() {
if(this.getClass().getName().equalsIgnoreCase(Rectangulo.class.getName())
) {

            return altura * base;
        }else{
            return (altura * base) / 2;
```

```
        }
    }//fin del método abstracto sobrescrito

}//fin de la declaración de la clase Figura{}

package patron;

import java.awt.Color;

public class Rectangulo extends Figura {

    public Rectangulo(Integer b, Integer a) {
        super(b, a);//invocar al constructor de la clase Figura{}
        super.setColor(new   Color(Color.orange.getRGB()));//invocar   al
método setColor() de la clase Figura{}
    }

    ////////////////////////
    //sobrescribir todos los métodos de la clase Figura{} si es necesario
    ////////////////////////

    @Override
    public Color getColor() {
        // TODO Implement this method
        return super.getColor();
    }

    @Override
    public Integer area() {
        // TODO Implement this method
        //Opción 1: La clase Rectangulo{} implementa su propio
        //  algoritmo del cálculo del área
        //return super.getAltura() * super.getBase();

        //Opción 2: La clase Rectangulo{} invoca
        //  al algoritmo del cálculo del área de la superclase Figura{}
        return super.area();
    }
}

package patron;

import java.awt.Color;

public class TrianguloRectangulo extends Figura {

    public TrianguloRectangulo(Integer b, Integer a) {
        super(b, a);
        super.setColor(new Color(Color.green.getRGB()));
    }

    ////////////////////////
    //sobrescribir todos los métodos de Figura si es necesario
    ////////////////////////
```

```java
    @Override
    public Color getColor() {
        // TODO Implement this method
        return super.getColor();
    }

    @Override
    public Integer area() {

        // TODO Implement this method
        //Opción 1: La clase TrianguloRectangulo{} implementa su propio
        //  algoritmo del cálculo del área

        return (super.getAltura() * super.getBase()) / 2;

        //Opción 2: La clase TrianguloRectangulo{} invoca
        //  al algoritmo de calcular el área de la superclase Figura
        //return super.area();
    }
}
```

Explicación de las líneas de código más relevantes, perteneciente a la configuración 3.1 – variante 1

```java
package app;

import patron.Figura;
import patron.Rectangulo;
import patron.TrianguloRectangulo;

public class Main {
```

Declaración de la referencia llamada `figura`. Dicha referencia es creada usando la superclase llamada `Figura{}` y apuntará a una instancia de objeto creada por la subclase: `Rectangulo{}` o `TrianguloRectangulo{}`.

```java
    private static Figura figura = null;
```

```java
    public Main() {
        super();
    }

    public static void main(String[] args) {

        Main main = new Main();

        System.out.println("Polimorfismo    dinámico,    una    referencia    muchos
objetos, con recolector de basura");
```

La siguiente línea de código creará un nuevo objeto usando el constructor llamado `Rectangulo()`.

```java
        figura = new Rectangulo(3, 4);
```

El siguiente código ejecutará el método polimórfico llamado `polimorfismo(¿...?)`. El parámetro del método es del tipo figura. Y el argumento es del tipo rectángulo. La asignación del tipo en el argumento en tiempo de ejecución se conoce como polimorfismo dinámico.

```
        polimorfismo(figura);
```

La referencia llamada `figura`, es apuntada a un nuevo objeto. El nuevo objeto es creado por el constructor llamado `TrianguloRectangulo()`. El objeto del tipo rectángulo ya no tiene una referenciado válida. El recolector de basura de la JVM deberá limpiar los objetos no referenciados.

```
        figura = new TrianguloRectangulo(5, 4);
```

El siguiente código ejecutará el método polimórfico llamado polimorfismo(¿...?). El parámetro del método es del tipo figura. Y el argumento es del tipo de los triángulos que son rectángulos. La asignación del tipo en el argumento en tiempo de ejecución se conoce como polimorfismo dinámico. Cualquier línea de código Java que utilice una referencia polimórfica será, por extensión, un código polimórfico.

```
        polimorfismo(figura);

    }
```

El siguiente código es la declaración del método polimórfico llamado `polimorfismo()`, los métodos polimórficos dinámicos se caracterizan por tener parámetros de un tipo y el argumentos de otro tipo. El parámetro es del tipo figura y los argumentos pueden ser del tipo rectángulo y del tipo triángulo-rectángulo. Los métodos polimórficos dinámicos tienen algoritmos polimórficos, los algoritmos polimórficos se caracterizan por invocar comportamientos diferentes dependiendo del argumento del parámetro. Los métodos polimórficos dinámicos envían mensajes a las clases que tienen el rol de proveedoras de comportamientos. Las clases que tienen el rol de clientes implementan algoritmos polimórficos y las clases que tienen el rol de proveedoras implementan algoritmos de comportamientos especializados. La característica principal de los algoritmos polimórficos dinámicos es que su comportamiento y el envío de mensajes quedan definidos en tiempo de ejecución.

```
    //Método polimórfico o sobrecargado por el argumento del parámetro
    //El parámetro acepta tipos de argumentos distintos
    //En algunas ocasiones el argumento es del tipo rectángulo
    //  y en otras ocasiones es del tipo triángulo rectángulo

    private static void polimorfismo(Figura figura) {

        //Líneas polimórficas, tienen comportamiento distinto dependiendo de la
figura
        //El compilador Java decide que comportamiento ejecutar, dependiendo del
tipo de argumento

        System.out.println(figura.getClass().getName());

        if(figura.area()>10)
            System.out.println("  Color = " + figura.getColor());

        System.out.println("  Altura = " + figura.getAltura());
```

```
            System.out.println("  Base = " + figura.getBase());
            System.out.println("  Área = " + figura.area());

    }
```

El siguiente código es correcto y demuestra que es factible sobrecargar el parámetro del método llamado `polimorfismo()` con dos tipos de argumentos distintos.

```
    private static void polimorfismo(Rectangulo figura) {
        //acceder a los métodos de Rectangulo{}, si es necesario

    }
    private static void polimorfismo(TrianguloRectangulo figura) {
        //acceder a los métodos de TrianguloRectangulo{}, si es necesario

    }
}//Fin del cuerpo de la clase Main{}
```

Notas importantes:

Los métodos polimórficos y los algoritmos polimórficos deberán implementarse en las clases que son cliente de un patrón de diseño.

Los algoritmos especializados deberán implementarse en el patrón de diseño, el patrón de diseño está construido por las clases que están relacionadas por medio de la herencia.

Las clases que tienen el rol de clientes se benefician al implementar algoritmos basados en el envío de mensajes, reduciendo su código y reutilizando líneas de código.

El patrón de diseño decidirá que algoritmo especializado ejecutará dependiendo de los parámetros y argumentos del mensaje recibido.

```
package patron;
```

```
import java.awt.Color;
```

El siguiente código es la declaración de la superclase con el nombre de `Figura{}`, la superclase implementará una interfaz llamada `CalcularArea{}`.

```
public class Figura implements CalcularArea {
```

```
    private Integer altura = 0;
    private Integer base = 0;
    private Color color = null;
```

Los siguientes métodos son la interfaz pública de acceso a los campos privados de la clase `Figura{}`.

```
    public Figura(Integer b, Integer a) {
        base = b; altura = a;
        //super();
    }
```

```
    public void setAltura(Integer altura) {
        this.altura = altura;
    }

    public void setBase(Integer base) {
        this.base = base;
    }

    public Integer getAltura() {
        return altura;
    }

    public Integer getBase() {
        return base;
    }

    public void setColor(Color color) {
        this.color = color;
    }

    public Color getColor() {
        return color;
    }
```

El siguientes código es la declaración que sobrescribe el método abstracto llamado `area()`, el método abstracto fue declarado en la interfaz llamada `CalcularArea{}`, el método que sobrescribe puede implementar los algoritmos especializados para cada subclase. Si las subclases son muchas, la superclase llamada `Figura{}` puede renunciar a escribir el código Java especializado y permitir que cada subclase implemente sus propios algoritmos. Normalmente son las subclases las encargadas de sobrescribir los métodos que son abstractos e implementar los algoritmos con mayor nivel de detalles.

Los programadores pueden decidir escribir los algoritmos especializados en las subclases o en la superclase, se recomienda escribir el código especializado en las subclases.

Para ejecutar el código Java implementado en una superclase, las subclases podrán utilizar las siguientes palabras claves de Java: `super` y `this`.

Para ejecutar el código Java implementado en una subclase o en una superclase, las clases que tienen el rol de clientes utilizarán las siguientes opciones:
- Análisis del tipo de objeto por parte de la JVM, en tiempo de ejecución. (polimorfismo dinámico)
- Análisis del tipo de objeto por parte del JDK, en tiempo de diseño. (polimorfismo estático)

```
    @Override
    public Integer area() {

if(this.getClass().getName().equalsIgnoreCase(Rectangulo.class.getName())) {
        return altura * base;
    }else{
        return (altura * base) / 2;
    }

    }//fin del método abstracto sobrescrito
```

```
}//fin de la declaración de la clase Figura{}
```

El siguiente código es la declaración de la subclase llamada Rectangulo{}. La subclase ha heredado los miembros de la superclase llamada Figura{}.

La subclase sobrescribe el método abstracto, por segunda vez, llamado area(). El método abstracto se implementó en la superclase Figura{}, la clase Rectangulo{} tiene la oportunidad de implementar su propio algoritmo o invocar al algoritmo ya implementado en la clase Figura{}.

```java
package patron;

import java.awt.Color;

public class Rectangulo extends Figura {

    public Rectangulo(Integer b, Integer a) {
        super(b, a);//invocar el constructor de la clase Figura{}
        super.setColor(new  Color(Color.orange.getRGB()));//invocar   el   método
setColor() de la clase Figura{}

    }

    /////////////////////////
    //sobrescribir todos los métodos de la clase Figura{}, si es necesario
    /////////////////////////

    @Override
    public Color getColor() {
        // TODO Implement this method
        return super.getColor();
    }

    @Override
    public Integer area() {

        // TODO Implement this method
        //Opción 1: La clase Rectangulo{} implementa su propio
        //  algoritmo del cálculo del área

        //return super.getAltura() * super.getBase();

        //Opción 2: La clase Rectangulo{} invoca
        //  el algoritmo del cálculo del área de la superclase Figura{}
        return super.area();
    }

}
```

El siguiente código es la declaración de la subclase llamada `TrianguloRectangulo{}`. La subclase ha heredado los miembros de la superclase llamada `Figura{}`.

La subclase sobrescribe el método abstracto, por segunda vez, llamado `area()`. El método abstracto se implementó en la superclase `Figura{}`, la clase `TrianguloRectangulo{}` tiene la oportunidad de implementar su propio algoritmo o invocar al algoritmo ya implementado en la clase `Figura{}`.

```java
package patron;

import java.awt.Color;

public class TrianguloRectangulo extends Figura {

    public TrianguloRectangulo(Integer b, Integer a) {
        super(b, a); //invocar el constructor de la clase Figura{}
        super.setColor(new  Color(Color.green.getRGB()));//invocar   el   método
setColor() de la clase Figura{}

    }

    ////////////////////////
    //sobrescribir todos los métodos de la clase Figura{}, si es necesario
    ////////////////////////

    @Override
    public Color getColor() {

        // TODO Implement this method
        return super.getColor();
    }

    @Override
    public Integer area() {

        // TODO Implement this method
        //Opción 1: La clase TrianguloRectangulo{} implementa su propio
        //  algoritmo del cálculo del área

        return (super.getAltura() * super.getBase()) / 2;

        //Opción 2: La clase TrianguloRectangulo{} invoca
        //  el algoritmo de calcular el área de la superclase Figura{}
        //return super.area();

    }

}
```

Las siguientes líneas de código son la declaración de la interfaz con el nombre de CalcularArea{}, dicha interfaz declarará los prototipos de métodos abstractos. La siguiente declaración: public Integer area(); es la declaración de un prototipo de un método abstracto. Los métodos que son abstractos no tienen cuerpo para implementar código Java.

```java
package patron;

public interface CalcularArea {

//agregar todas las obligaciones de implementación para la clase Figura{}

    public Integer area(); //método abstracto

}
```

La clase que tiene el rol de superclase en la jerarquía de herencia, está obligada a implementar el método abstracto llamado area(). La interfaz CalcularArea{} es un contrato que la superclase Figura{} tiene que cumplir. El contrato declarado por la interfaz CalcularArea{} podría tener más obligaciones para la superclase llamada Figura{}. Por ejemplo:

```java
package patron;

public interface CalcularArea {

    //agregar todas las obligaciones de implementación para la clase Figura{}

    public Integer area(); //método abstracto

    public void setColor(Color color); //Nuevo contrato

    public Color getColor(); //nuevo contrato

}
```

Nota: En la declaración de las interfaces, normalmente se omite: el uso del modificador de acceso static y la palabra clave abstract.

El código siguiente no omite el uso de las palabras claves: static y abstract.

```java
public abstract interface circulo {
    //superficie = pi * radio^2      //módulo de cálculo
    //perimetro = 2 * pi * radio     //módulo de cálculo
    public static float pi = 3.14f;  //campo constante y global
    public static float pi2 = 6.28f; //campo constante y global
    public  abstract  float  superficieCirculo(int  radio);  //método
    abstracto
    public  abstract  float  perimetroCirculo(int  radio);    //método
    abstracto
}
```

Diagrama UML en Java para la configuración 3.1 – variante 2: muchas referencias y un objeto por referencia

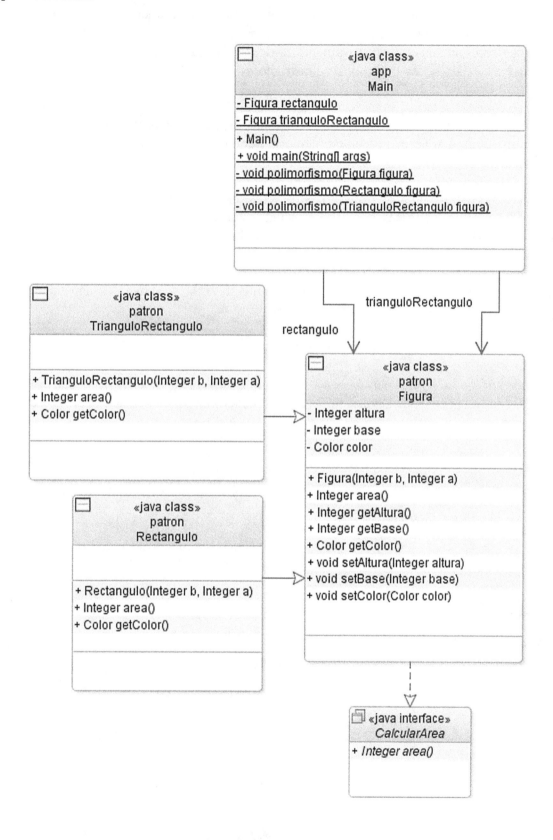

Características de la configuración 3.1 – variante 2: muchas referencias y un objeto por referencia

En la configuración 3.1 variante 2 son creadas dos referencia usando la superclase `Figura{}`, dichas referencias tienen el nombre de `rectangulo` y `trianguloRectangulo`. Las referencias son apuntadas, respectivamente, a dos instanciados de objetos. Dichos objetos son instanciados usando los métodos constructores de las subclases: `Rectangulo{}` y `TrianguloRectangulo{}`

La tarea o estrategia de la variante 2, es crear todas las referencias y objetos en el inicio de la aplicación y dejar que permanezcan en memoria durante todo el tiempo que dure la ejecución de la aplicación.

La variante 2 permite reducir la creación de objetos en tiempo de ejecución. En esta técnica se reduce el uso del microprocesador pero aumenta la cantidad de memoria usada. El recolector de basura de la JVM tiene poco trabajo, ya que no hay objetos no referenciados en tiempo de ejecución.

Los programadores deben decidir entre la variante 1 o la variante 2, dependiendo de los requerimientos del sistema y del problema a resolver.

Código fuente para la configuración 3.1 – variante 2

Las líneas de código siguientes pertenecen a la capa que tiene el rol de cliente, ya que es la capa que sufrió las modificaciones de la variante 2. El resto del código fuente es idéntico a la variante 1.

```
package app;

import patron.Figura;
import patron.Rectangulo;
import patron.TrianguloRectangulo;

public class Main {
```

Declaración de las referencias necesarias para la configuración 3.1 variante 2

```
    private static Figura rectangulo = null;
    private static Figura trianguloRectangulo = null;

    public Main() {
        super();
    }

    public static void main(String[] args) {
        Main main = new Main();
        System.out.println("Pilimorfismo dinámico, una referencia por objeto,
sin recolector basura");
```

La siguiente línea de código crea un nuevo objeto en memoria usando el constructor llamado `Rectangulo()`, dicho objeto quedará apuntado por la referencia llamada `rectangulo`.

```
        rectangulo = new Rectangulo(3, 4);
```

El siguiente código ejecuta el método polimórfico llamado `polimorfismo()`, con el argumento del tipo rectángulo.

```
        polimorfismo(rectangulo);
```

La siguiente línea de código crea un nuevo objeto en memoria usando el constructor llamado `TrianguloRectangulo()`, dicho objeto quedará apuntado por la referencia llamada `trianguloRectangulo`.

```
        trianguloRectangulo = new TrianguloRectangulo(5, 4);
```

El siguiente código ejecuta el método polimórfico llamado `polimorfismo()`, con el argumento del tipo de los triángulos que son rectángulos.

```
        polimorfismo(trianguloRectangulo);
    }
```

Las siguientes líneas de código son la declaración del método polimórfico dinámico llamado `polimorfismo()`, los métodos polimórficos dinámicos se caracterizan por tener parámetros de un tipo y el argumentos de otro tipo. El parámetro representa a las figuras de una manera genérica. Los argumentos del parámetro pueden ser del tipo particular: rectángulo y triángulo-rectángulo. Los métodos polimórficos que son dinámicos tienen algoritmos polimórficos que también son dinámicos, los algoritmos polimórficos que son dinámicos se caracterizan por invocar comportamientos diferentes dependiendo del argumento del parámetro. Los métodos polimórficos que son dinámicos envían mensajes a las clases que tienen el rol de proveedores. Las clases que tienen el rol de clientes implementan algoritmos que son polimórficos y las clases que tienen el rol de proveedoras implementan algoritmos de comportamientos que son especializados. La característica principal de los algoritmos que son polimórficos es que su comportamiento y el envío de mensajes quedan definidos en tiempo de ejecución.

```
    //Método polimórfico o sobrecargado por el argumento del parámetro
    //El parámetro acepta tipos de argumentos distintos
    //En algunas ocasiones el argumento es del tipo rectángulo
    // y en otras es del tipo triángulo rectángulo
    private static void polimorfismo(Figura figura) {
        //Líneas polimórficas, tienen comportamiento distinto dependiendo de la
figura. El compilador Java decide que comportamiento ejecutar dependiendo del
tipo de argumento
        System.out.println(figura.getClass().getName());
        if(figura.area()>10)
          System.out.println("  Color = " + figura.getColor());
        System.out.println("  Altura = " + figura.getAltura());
        System.out.println("  Base = " + figura.getBase());
        System.out.println("  Área = " + figura.area());
    }
```

El siguiente código es correcto y demuestra que es factible sobrecargar el parámetro del método `polimorfismo()` con dos tipos de argumentos distintos.

```
//    private static void polimorfismo(Rectangulo figura) {
//        //acceder a los métodos de la clase Rectangulo{}, si es necesario
//
```

```
//      }
//      private static void polimorfismo(TrianguloRectangulo figura) {
//            //acceder a los métodos de la clase TrianguloRectangulo{}, si es
   necesario
//
//      }

}//Fin del cuerpo de la clase Main{}
```

Nota importante:

Los métodos y algoritmos que son polimórficos deben implementarse en las clases que son clientes del patrón de diseño, el patrón de diseño es una jerarquía de clases relacionadas por medio de la herencia. Los algoritmos que son especializados deben implementarse en el patrón de diseño. Los programadores harán responsable a las subclases o a la superclase de la implementación de los algoritmos especializados. Las clases que tienen el rol de clientes se benefician al implementar los algoritmos basados en el envío de mensajes reduciendo su código y reutilizándolo. El patrón de diseño debe decidir qué algoritmo ejecutar dependiendo de los parámetro y de los argumentos del mensaje que se ha recibido.

Configuración 3.2 – Crear las referencias a objetos y los objetos usando las subclases

En la configuración 3.2, son introducidas dos restricciones que obligan a la arquitectura a funcionar adecuadamente y también obligan a un buen uso del patrón de diseño basado en la herencia entre clases.

Propiedades de la configuración 3.2

	Crear referencias	**Crear objetos**
Superclase (Interfaz)	X(Restricción)	X(Restricción)
Subclase	Si	Si

Utilidad de la configuración 3.2

Es una configuración adecuada para cuando hay pocos objetos especializados, cada objeto tiene la necesidad de implementar un algoritmo particular o único. Si son creadas igual cantidad de referencias como objetos especializados, entonces es factible tener en memoria un objeto por cada referencia. Cada referencia funciona como un puntero a cada objeto especializado. Los objetos pueden permanecer en memoria durante todo el tiempo de ejecución de la aplicación sin necesidad de recolectar objetos no referenciados. Este tipo de configuración permite implementar los algoritmos dinámicos y los algoritmos estáticos.

¿Cómo implementar los algoritmos que son estáticos?

La implementación de los algoritmos estáticos se realiza declarando un método estático. Los métodos estáticos tienen el parámetro y el argumento del mismo tipo.

¿Cómo implementar los algoritmos que son dinámicos?

La implementación de los algoritmos dinámicos se realiza declarando un método dinámico. Los métodos dinámicos tienen el parámetro y el argumento de tipos distintos.

¿Qué es la asignación estática de la referencia?

Es cuando una referencia se asigna a un objeto durante toda la ejecución de la aplicación. En este tipo de asignación la JVM no tiene mucho trabajo ya que no existen objetos no referenciados en la memoria.

¿Qué es la asignación dinámica de la referencia?

Es cuando una referencia se asigna a más de un objeto durante toda la ejecución de la aplicación. En este tipo de asignación la JVM tiene mucho trabajo ya que debe limpiar los objetos no referenciados en la memoria.

Para utilizar el mecanismo del polimorfismo, se envían mensajes a los objetos por medio de una interfaz con métodos públicos. Cada objeto deberá implementar la misma interfaz de métodos. La configuración 3.2 tiene dos variantes:
1. En la variante 1: la interfaz es implementada por la superclase
2. En la variante 2: la interfaz es implementada por la subclase

Diagrama de clases en Java para la configuración 3.2 – variante 1

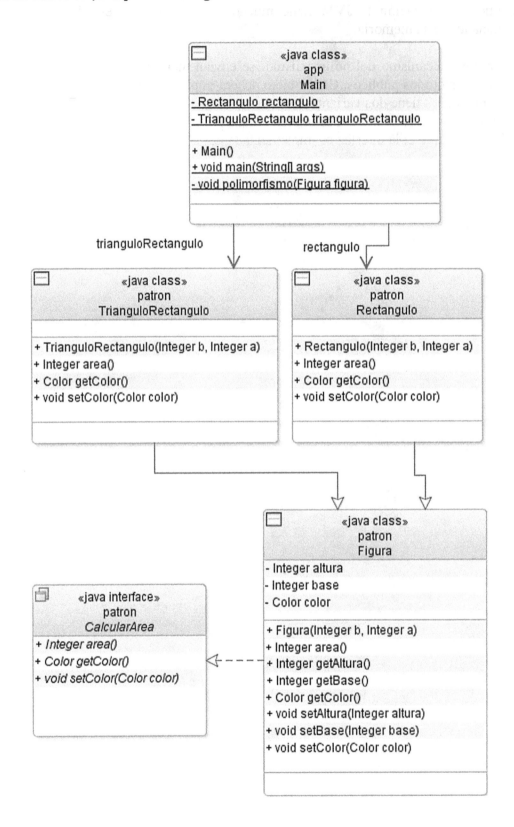

Código fuente para la configuración 3.2 – variante 1

```java
package app;

import java.awt.Color;
import patron.Figura;
import patron.Rectangulo;
import patron.TrianguloRectangulo;

public class Main {
    public Main() {
        super();
    }

    private static Rectangulo rectangulo  = null;
    private static TrianguloRectangulo trianguloRectangulo = null;

    public static void main(String[] args) {

        Main main = new Main();
        System.out.println("Polimorfismo estático o dinámico.");
        rectangulo = new Rectangulo(3, 4);
        Color color = new Color(Color.blue.getRGB());
        rectangulo.setColor(color);
        polimorfismo(rectangulo);
        //System.out.println("Área rectángulo " + rectangulo.area());
        trianguloRectangulo = new TrianguloRectangulo(5, 4);
        color = new Color(Color.orange.getRGB());
        trianguloRectangulo.setColor(color);
        polimorfismo(trianguloRectangulo);
        //System.out.println("Área        triángulo        rectángulo        "        +
trianguloRectangulo.area());

    }

    //El método polimorfismo() puede ser sobrecargado de tres formas distintas
    //Este es un método polimórfico dinámico, un método polimórfico dinámico
tiene el parámetro de un tipo y los argumentos de otro tipo

    private static void polimorfismo(Figura figura) {

        //Algoritmo polimórfico dinámico, estas líneas de código se ejecutan de
igual forma para dos tipos distintos.
        //Las líneas de código polimórficas dinámicas tienen comportamiento
        //   distintos dependiendo del tipo de argumento.
        System.out.print(figura.getClass().getName());
        System.out.println("  Área = " + figura.area());
        System.out.println("  Color =  " + figura.getColor());
    }

    //Cuidado!  si  las  siguientes  líneas  son  descomentadas  funcionaran
correctamente pero habría que comentar el método sobrecargado con el parámetro
del tipo Figura{}
    //Estas líneas de código demuestran que el parámetro y el argumento
    //  pueden ser de dos tipos diferentes
    //El programador decide en qué método sobrecargado quiere escribir código
    /*
    //Este es un método polimórfico estático, un método polimórfico estático
tiene el parámetro y el argumento del mismo tipo.
```

```
    private static void polimorfismo(Rectangulo figura) {
        //acceder a los métodos de la clase Rectangulo{}, si es necesario

    }

    //Este es un método polimórfico estático, un método polimórfico estático
tiene el parámetro y el argumento del mismo tipo.
    private static void polimorfismo(TrianguloRectangulo figura) {
        //acceder a los métodos de clase Triangulo{}, si es necesario

    }
    */
}

package patron;

import java.awt.Color;

public class Figura implements CalcularArea {
    private Integer altura = 0;
    private Integer base = 0;
    private Color color = null;
    public Figura(Integer b, Integer a) {
        base = b; altura = a;
        //super();
    }
    public void setAltura(Integer altura) {
        this.altura = altura;
    }

    public void setBase(Integer base) {
        this.base = base;
    }

    public Integer getAltura() {
        return altura;
    }

    public Integer getBase() {
        return base;
    }

    @Override
    public Integer area() {

        //Los programadores han decido que el cálculo de área
        //  quede a cargo de la superclase

if(this.getClass().getName().equalsIgnoreCase(Rectangulo.class.getName())) {
        return altura * base;
        }else{
            return (altura * base) / 2;
        }
    }

    @Override
    public Color getColor() {
        // TODO Implement this method
        return color;
```

```java
    }

    @Override
    public void setColor(Color color) {
        // TODO Implement this method
        this.color = color;
    }
}


package patron;

import java.awt.Color;

public class Rectangulo extends Figura {
    public Rectangulo(Integer b, Integer a) {
        super(b, a);
    }
    //Sobrescribir los métodos de la clase Figura{}
    @Override
    public Integer area() {

        // TODO Implement this method
        //return super.getAltura() * super.getBase();

        return super.area(); //el cálculo del área quedará a cargo de la
superclase

    }

    @Override
    public Color getColor() {
        // TODO Implement this method
        return super.getColor();
    }

    @Override
    public void setColor(Color color) {
        // TODO Implement this method
        super.setColor(color);
    }
}


package patron;

import java.awt.Color;

public class Rectangulo extends Figura {

    public Rectangulo(Integer b, Integer a) {
        super(b, a);
    }
    //Sobrescribir los métodos de la clase Figura{}
    @Override
    public Integer area() {

        // TODO Implement this method
        //return super.getAltura() * super.getBase();

        return super.area(); //el cálculo del área quedará a cargo de la
```

```java
superclase
    }

    @Override
    public Color getColor() {
        // TODO Implement this method
        return super.getColor();
    }

    @Override
    public void setColor(Color color) {
        // TODO Implement this method
        super.setColor(color);
    }
}

package patron;

import java.awt.Color;

public interface CalcularArea {

    public Integer area();
    public Color getColor();
    public void setColor(Color color);

}
```

Diagrama de clases Java para la configuración 3.2 – variante 2

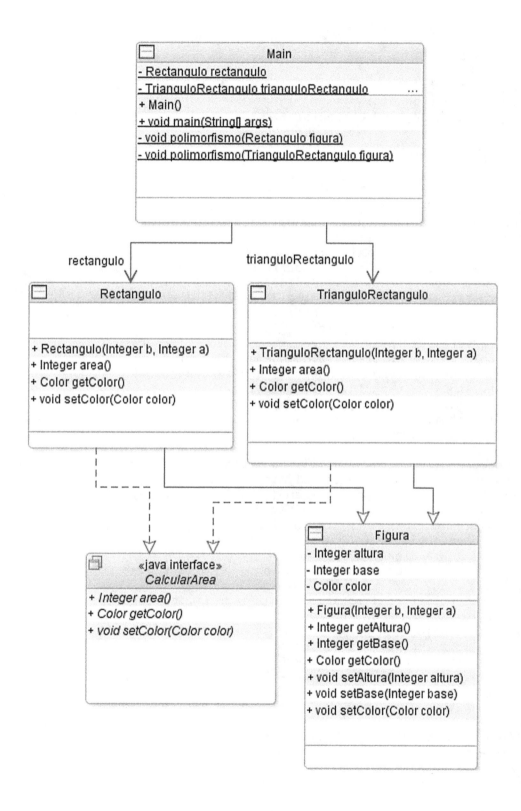

Código fuente para la configuración 3.2 – variante 2

```java
package app;

import java.awt.Color;

import patron.Figura;
import patron.Rectangulo;
import patron.TrianguloRectangulo;

public class Main {
    public Main() {
        super();
    }
    private static Rectangulo rectangulo = null;
    private static TrianguloRectangulo trianguloRectangulo = null;
    public static void main(String[] args) {
        Main main = new Main();
        System.out.println("Polimorfismo estático o dinámico");
        Color color = new Color(Color.blue.getRGB());
        rectangulo = new Rectangulo(3, 4);
        rectangulo.setColor(color);
        polimorfismo(rectangulo);
        //System.out.println("Área rectángulo " + rectangulo.area());
        color = new Color(Color.orange.getRGB());
        trianguloRectangulo = new TrianguloRectangulo(5, 4);
        trianguloRectangulo.setColor(color);
        polimorfismo(trianguloRectangulo);
        //System.out.println("Área        triángulo        rectángulo        "        +
trianguloRectangulo.area());
    }
    //Método polimórfico estático, un método polimórfico estático tiene el
    //parámetro y el argumento del mismo tipo.
    private static void polimorfismo(Rectangulo figura) {
        //Algoritmo polimórfico estático
        System.out.print(figura.getClass().getName());
        System.out.println("  Área = " + figura.area());
        if(figura.area()>10)
            System.out.println("  Color =  " + figura.getColor());
    }
    //Método polimórfico estático, un método polimórfico estático tiene el
    //parámetro y el argumento del mismo tipo.
    private static void polimorfismo(TrianguloRectangulo figura) {
        //Algoritmo polimórfico estático
        System.out.print(figura.getClass().getName());
        System.out.println("  Área = " + figura.area());
        if(figura.area()>10)
            System.out.println("  Color =  " + figura.getColor());
    }
    //!Cuidado¡ Este método polimórfico dinámico se ha comentado.
    //Este método si es descomentado funcionará perfectamente pero si
    //   es descomentado es preferible usarlo con una referencia del tipo
Figura{} y objetos creados con las subclases.
/*   private static void polimorfismo(Figura figura) {
        //acceder a los métodos de Figura{}, si es necesario.
        //Escribir un algoritmo polimórfico dinámico


    }
*/
```

```
}

package patron;

import java.awt.Color;

public class Figura {
    private Integer altura = 0;
    private Integer base = 0;
    private Color color = null;

    public void setColor(Color color) {
        this.color = color;
    }

    public Color getColor() {
        return color;
    }

    public Figura(Integer b, Integer a) {
        base = b; altura = a;
        //super();
    }
    public void setAltura(Integer altura) {
        this.altura = altura;
    }

    public void setBase(Integer base) {
        this.base = base;
    }

    public Integer getAltura() {
        return altura;
    }

    public Integer getBase() {
        return base;
    }
}

package patron;

import java.awt.Color;

public class Rectangulo extends Figura implements CalcularArea {
    public Rectangulo(Integer b, Integer a) {
        super(b, a);
    }
    //Sobrescribir los métodos de la clase Figura{}
    @Override
    public Integer area() {
        return this.getAltura() * this.getBase();
    }

    @Override
    public void setColor(Color color) {
        // TODO Implement this method
        super.setColor(color);
    }
}
```

```java
        @Override
        public Color getColor() {
            // TODO Implement this method
            return super.getColor();
        }
}

package patron;

import java.awt.Color;

public class TrianguloRectangulo extends Figura implements CalcularArea {
    public TrianguloRectangulo(Integer b, Integer a) {
        super(b, a);
    }
    //Sobrescribir los métodos de la clase Figura{}
    @Override
    public Integer area() {
        return (this.getAltura() * this.getBase()) / 2;
    }


    @Override
    public Color getColor() {
        // TODO Implement this method
        return super.getColor();
    }

    @Override
    public void setColor(Color color) {
        // TODO Implement this method
        super.setColor(color);
    }
}

package patron;

import java.awt.Color;

public interface CalcularArea {

    public Integer area();
    public Color getColor();
    public void setColor(Color color);

}
```

Capítulo III

Algoritmos polimórficos que son mutables

Para crear los algoritmos polimórficos mutables, es necesario declarar las referencias a objetos con las clases especiales del tipo interfaz.

¿Qué son los algoritmos polimórficos mutables?

Dada en una jerarquía de herencias entre clases, es factible crear algoritmos polimórficos mutables. Dichos algoritmos usan las referencias que tienen la propiedad de ser referenciadas a objetos creados con las superclases o las subclases.

¿Qué son los métodos mutables?

Es la capacidad que tienen los métodos de tener parámetros declarados con una interfaz y los argumentos de los parámetros creados con las subclases o las superclases.

Una interfaz es una clase abstracta donde todos sus métodos son abstractos y todos sus campos son constantes. Las interfaces no implementan el código fuente, el código debe ser implementado por las clases que heredan la interfaz. Las interfaces son heredadas usando la palabra clave de Java: `implements`.

Existen distintas combinaciones con respecto a las clases que pueden implementar la interfaz.

Combinación número 1:
- La interfaz es implementada por la superclase
  - Las referencias son declaradas con las interfaces
  - Los objetos son creados por la superclase o las subclases

Propiedades de la configuración para la combinación 1

	Crear referencias	**Crear objetos**
Superclase	-	Si
Subclase	-	Si
Interfaz	Si	X(No se puede)

La combinación número número 1, permite la mutabilidad de la referencia entre los objetos creados con las subclases y la superclase.

Combinación número 2:
- La interfaz es implementada por las subclases
  - Las referencias son declaradas con las interfaces
  - Los objetos son creados con las subclases

Propiedades de la configuración para la combinación 2

	Crear referencias	**Crear objetos**
Superclase	-	X(No se puede)
Subclase	-	Si
Interfaz	Si	X(No se puede)

La combinación número 2, no permite la mutabilidad de la referencia entre los objetos creados con las subclases y la superclase. La combinación número 2 sólo permite crear objetos con las subclases.

A pesar de la imposibilidad de no crear objetos desde la superclase, todavía es posible crear algoritmos polimórficos dinámicos usando la combinación número 2. Los algoritmos polimórficos dinámicos fueron estudiados en los capítulos I y II.

Para las combinaciones números 1 y 2 hay dos variantes:
1. Declarando: una referencia y muchos objetos. (La referencia debe ser reasignada a cada uno de los objetos durante la ejecución de la aplicación. La JVM tiene mucho trabajo recolectando los objetos no referenciados durante la ejecución de la aplicación)
2. Declarando: muchas referencias, una referencia para cada objeto en memoria. (la JVM normalmente tiene menos trabajo ya que no tiene que recolectar los objetos no referenciados en memoria)

A continuación, se presentarán los los diagramas de clases para la variante número 1 de las combinaciones números 1 y 2. El lector debería hacer un esfuerzo e intentar implementar la variante número 2.

El código fuente no será comentado, ya que no habría nuevos aportes a los comentarios realizados anteriormente.

Diagrama de clases para algoritmos polimórficos que son mutables. Combinación 1 - variante 1

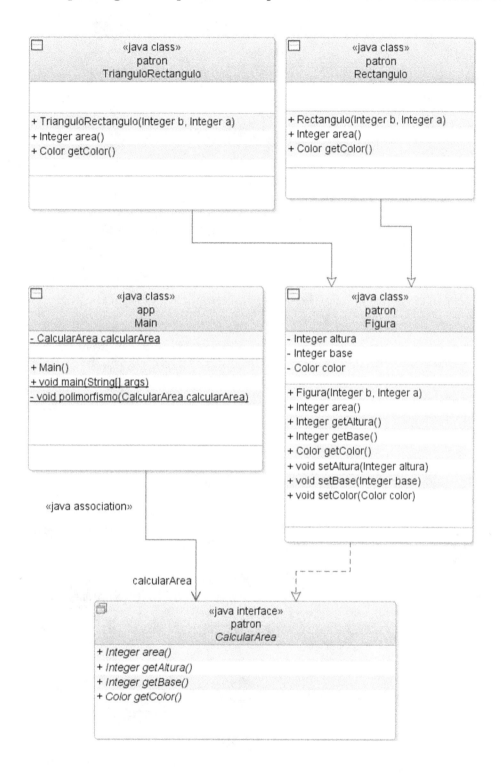

Código fuente que implementa algoritmos polimórficos mutables. Combinación 1 - variante 1

```java
package app;

import patron.CalcularArea;
import patron.Figura;
import patron.Rectangulo;
import patron.TrianguloRectangulo;

public class Main {
    //Referencia del tipo Interfaz, esta referencia podrá mutar de ser
    una subclase a una superclase.
    private static CalcularArea calcularArea = null;

    public Main() {
        super();
    }

    public static void main(String[] args) {
        Main main = new Main();

        System.out.println("Polimorfismo mutable dinámico. Una referencia
    muchos objetos, con recolector de basura");

        calcularArea = new Figura(3, 4); //Mutación de la referencia al
    tipo superclase Figura{}
        polimorfismo(calcularArea);

        calcularArea = new Rectangulo(3, 4); //Mutación de la referencia
    al tipo subclase Rectangulo{}.
        polimorfismo(calcularArea);

        calcularArea = new TrianguloRectangulo(5, 4); //Mutación de la
    referencia al tipo subclase TrianguloRectangulo{}.
        polimorfismo(calcularArea);
    }
    //Método polimórfico o sobrecargado por el argumento del parámetro
    con mutación de superclase y subclases
    //El parámetro acepta tipos de argumentos distintos y de clases
    distintas en la jerarquía de herencia.
    //El parámetro es del tipo CalcularArea{}
    //Los argumentos pueden ser de los tipos: rectángulo, triángulo
    rectángulo definidos en las subclases.
    //También los argumentos pueden ser del tipo: figura, definidos en la
    superclase.
    private static void polimorfismo(CalcularArea calcularArea) {
        //Líneas polimórficas mutables, tienen comportamiento distinto
    dependiendo de los tipos de figuras en el argumento del parámetro y de
    las clases que construyen la jerarquía de herencia.
        //El compilador JDK, en tiempo de diseño, no tiene información de
    los tipos del argumento.
        //La JVM decide en tiempo de ejecución qué comportamiento
    ejecutar dependiendo de los tipos de argumentos.
        System.out.println(calcularArea.getClass().getName());
```

```java
            System.out.println("  Altura = " + calcularArea.getAltura());
            System.out.println("  Base = " + calcularArea.getBase());
            System.out.println("  Área = " + calcularArea.area());
    }//Fin del método polimórfico dinámico mutable.

}//Fin del cuerpo de la clase Main{}.

package patron;

import java.awt.Color;

public interface CalcularArea {
    //Agregar todas las obligaciones de implementación para las clases
  que hereden esta Interfaz.
    public Color getColor();
    public Integer getBase();
    public Integer getAltura();
    public Integer area();
}

package patron;

import java.awt.Color;

public class Figura implements CalcularArea {
    private Integer altura = 0;
    private Integer base = 0;
    private Color color = null;

    public Figura(Integer b, Integer a) {
        base = b; altura = a;
        //super();
    }
    public void setAltura(Integer altura) {
        this.altura = altura;
    }

    public void setBase(Integer base) {
        this.base = base;
    }

    @Override
    public Integer getAltura() {
        return altura;
    }

    @Override
    public Integer getBase() {
        return base;
    }

    public void setColor(Color color) {
        this.color = color;
    }
```

```java
    @Override
    public Color getColor() {
        return color;
    }

    //En muchos problemas reales este método puede ser comentado o no
usado, se ha implementado por motivos didácticos, es preferible que las
subclases se dediquen a los aspectos concretos del problema a resolver.
    @Override
    public Integer area() {


if(this.getClass().getName().equalsIgnoreCase(Rectangulo.class.getName(
))) {
            return altura * base;
        }


if(this.getClass().getName().equalsIgnoreCase(TrianguloRectangulo.class
.getName())) {
            return (altura * base) / 2;
        }

        System.out.println("Esta mutación de la referencia no determina
el tipo de figura.");
        System.out.println("           Mutación       usada:       "       +
this.getClass().getName());
        System.out.println("        dicha mutación puede realizar tareas
generales y no particulares (abstractas y no concretas)");
        return 0;
    }//fin del método abstracto sobrescrito.
}//fin de la declaración de la clase Figura{}.

package patron;

import java.awt.Color;

public class Rectangulo extends Figura {
    public Rectangulo(Integer b, Integer a) {
        super(b, a);//invocar al constructor de la clase Figura{}
        super.setColor(new   Color(Color.orange.getRGB()));//invocar    al
método setColor() de la clase Figura{}
    }
    /////////////////////////
    //Sobrescribir todos los métodos de la clase Figura{}, si es
necesario.
    /////////////////////////

    @Override
    public Color getColor() {
        // TODO Implement this method
        return super.getColor();
    }
```

```java
    @Override
    public Integer area() {
        // TODO Implement this method
        //Opción 1 (recomendada): La clase Rectangulo{} implementa su
propio algoritmo del cálculo del área.
        return super.getAltura() * super.getBase();

        //Opción 2 (no recomendada): La clase Rectangulo{} invoca al
algoritmo del cálculo del área de la superclase Figura{}.
        //return super.area();
    }
}

package patron;

import java.awt.Color;

public class TrianguloRectangulo extends Figura {

    public TrianguloRectangulo(Integer b, Integer a) {
        super(b, a);
        super.setColor(new Color(Color.green.getRGB()));
    }
    ////////////////////////
    //Sobrescribir todos los métodos de la clase Figura{}, si es
necesario.
    ////////////////////////

    @Override
    public Color getColor() {
        // TODO Implement this method
        return super.getColor();
    }

    @Override
    public Integer area() {
        // TODO Implement this method
        //Opción 1 (recomendada): La clase TrianguloRectangulo{}
implementa su propio algoritmo del cálculo del área.
        return (super.getAltura() * super.getBase()) / 2;

        //Opción 2 (no recomendada): La clase TrianguloRectangulo{}
invoca al algoritmo de calcular el área de la superclase Figura{}.
        //return super.area();
    }
}
```

Diagrama de clases en UML para algoritmos polimórficos mutables. Combinación 2 - variante 1

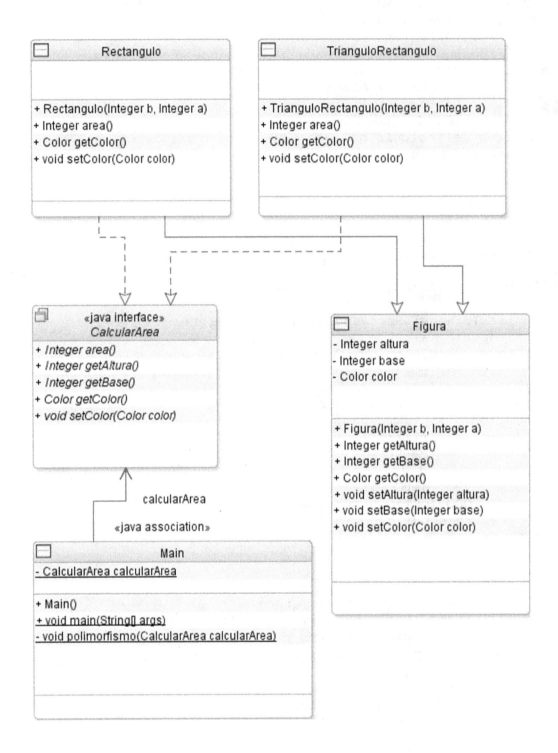

Código fuente que implementa algoritmos polimórficos mutables. Combinación 2, variante 1

```java
package app;

import patron.CalcularArea;
import patron.Rectangulo;
import patron.TrianguloRectangulo;

public class Main {
    //Referencia del tipo Interfaz, esta referencia podrá mutar de ser
    una subclase a una superclase.
    private static CalcularArea calcularArea = null;
    public Main() {
        super();
    }

    public static void main(String[] args) {
        Main main = new Main();

        System.out.println("Polimorfismo dinámico no mutable entre clases
de la jerarquía de herencia. Una referencia muchos objetos, con
recolector de basura");

        //Lamentablemente la implementación de la interfaz CalcularArea{}
por parte de las subclases no permite la mutabilidad a la superclase
Figura{}.
        //calcularArea = new Figura(3, 4); //Mutación de la referencia al
tipo superclase, Figura{}, no permitida.
        //polimorfismo(calcularArea); //No descomentar, dará error del
compilador.

        calcularArea = new Rectangulo(3, 4); //Mutación de la referencia
al tipo subclase Rectangulo{}.
        polimorfismo(calcularArea);

        calcularArea = new TrianguloRectangulo(5, 4); //Mutación de la
referencia al tipo subclase TrianguloRectangulo{}.
        polimorfismo(calcularArea);
    }
    //Método polimórfico o sobrecargado por el argumento del parámetro
sin mutación a la superclase.
    //El parámetro acepta tipos de argumentos distintos pertenecientes a
las subclases.
    //El parámetro es del tipo CalcularArea{}. Los argumentos pueden ser
de los tipos: rectángulo, triángulo rectángulo definidas en las
subclases.
    //No está permitido que los argumentos pueden ser del tipo: figura,
definida en la superclase.
    //Este es un método polimórfico dinámico pero no mutable entre las
clases de la jerarquía de herencia.
    private static void polimorfismo(CalcularArea calcularArea) {
        //Líneas polimórficas dinámicas, tienen comportamiento distinto
dependiendo de los tipos de figuras en el argumento del parámetro.
        //El compilador JDK, en tiempo de diseño, no tiene información de
```

```
    los tipos del argumento.
        //La JVM decide en tiempo de ejecución qué comportamiento
    ejecutar dependiendo de los tipos de argumentos.
        //Este es un algoritmo polimórfico dinámico pero no mutable entre
    las clases de la jerarquía de herencia.
        System.out.println(calcularArea.getClass().getName());
        System.out.println(" Altura = " + calcularArea.getAltura());
        System.out.println(" Base = " + calcularArea.getBase());
        System.out.println(" Área = " + calcularArea.area());
    }//Fin del método polimórfico dinámico mutable.

}//Fin del cuerpo de la clase Main{}.


package patron;

import java.awt.Color;

public interface CalcularArea {
    public Integer area();
    public Color getColor();
    public Integer getBase();
    public Integer getAltura();
    public void setColor(Color color);
}


package patron;

import java.awt.Color;

//La clase Figura{} se ha declarado sin modificador de acceso para
  ocultarla, encapsularla, y no permitir el acceso desde el paquete app.
class Figura {
    private Integer altura = 0;
    private Integer base = 0;
    private Color color = null;

    public void setColor(Color color) {
        this.color = color;
    }

    public Color getColor() {
        return color;
    }

    public Figura(Integer b, Integer a) {
        base = b; altura = a;
        //super();
    }
    public void setAltura(Integer altura) {
        this.altura = altura;
    }

    public void setBase(Integer base) {
        this.base = base;
```

```java
    }

    public Integer getAltura() {
        return altura;
    }

    public Integer getBase() {
        return base;
    }
}

package patron;

import java.awt.Color;

public class Rectangulo extends Figura implements CalcularArea {
    public Rectangulo(Integer b, Integer a) {
        super(b, a);
    }
    //Sobrescribir los métodos den la clase Figura{}
    @Override
    public Integer area() {
        return this.getAltura() * this.getBase();
    }

    @Override
    public void setColor(Color color) {
        // TODO Implement this method
        super.setColor(color);
    }

    @Override
    public Color getColor() {
        // TODO Implement this method
        return super.getColor();
    }
}

package patron;

import java.awt.Color;

public class TrianguloRectangulo extends Figura implements CalcularArea {
    public TrianguloRectangulo(Integer b, Integer a) {
        super(b, a);
    }

    //Sobrescribir los métodos den la clase Figura{}

    @Override
    public Integer area() {
        return (this.getAltura() * this.getBase()) / 2;
    }
```

```java
    @Override
    public Color getColor() {
        // TODO Implement this method
        return super.getColor();
    }

    @Override
    public void setColor(Color color) {
        // TODO Implement this method
        super.setColor(color);
    }
}
```

Capítulo IV

Programando un juego de computadora

Las siguientes líneas de código son un, clásico, juego de computadora que aplica los algoritmos polimórficos para controlar los personajes del juego. Cada personaje del juego implementará los algoritmos que se especializan en su comportamiento.

La configuración 3.2, variante número 1 del capítulo II, se usará para escribir el código fuente del juego "Volar hasta el final". Se propone al lector, a modo de desafío, realizar los cambios necesarios en el código fuente del juego para reescribirlos como un algoritmo polimórfico mutable tratado en el capítulo III.

En la clase que tiene el rol de cliente, una referencia será declarada para cada personaje en el juego. Cada una de las referencias apuntará a una instancia de objeto que representará a un personaje en el juego.

La clase que tiene el rol de cliente implementará un método polimórfico dinámico cuyo parámetro será de un tipo genérico. Y los argumentos serán de los tipos, particulares, de cada personaje del juego.

El parámetro del método polimórfico tendrá el mayor nivel de abstracción y representará a todos los personajes del juego, y los argumentos del parámetro tendrán el menor nivel de abstracción representando cada uno de los personajes en el juego.

Código polimórfico del juego

La siguiente línea de código fuente es polimórfica, el parámetro es una referencia de objeto llamada `g2DMiLienzo` y los argumentos del parámetro pueden ser del tipo: `Fondo{}`, `Nubes{}`, `Personaje{}` o `Pilares{}`

```
queObjeto.pintarPolimorfismo(g2DMiLienzo);
```

La referencia con el nombre de `g2DMiLienzo` es del tipo: `DatosJuego{}`. Y apuntará a instancias de objetos del tipo: `Fondo{}`, `Nubes{}`, `Personaje{}` o `Pilares{}`

Esta línea de código se ejecutará cada vez que sea necesario pintar un elemento en el tablero del juego.

Las clases que tienen el rol de ser clientes del patron de diseño de software se benefician al reutilizar el código código fuente y de la simplificación de la lógica del juego.

Cada vez que se ejecute la línea de código polimórfica la JVM decidirá qué código especializado ejecutará dependiendo del tipo de la referencia a instancias de objetos.

Vista del juego de computadora: Volar hasta el fin

Diagrama de clases en Java para el Juego: Volar hasta el fin

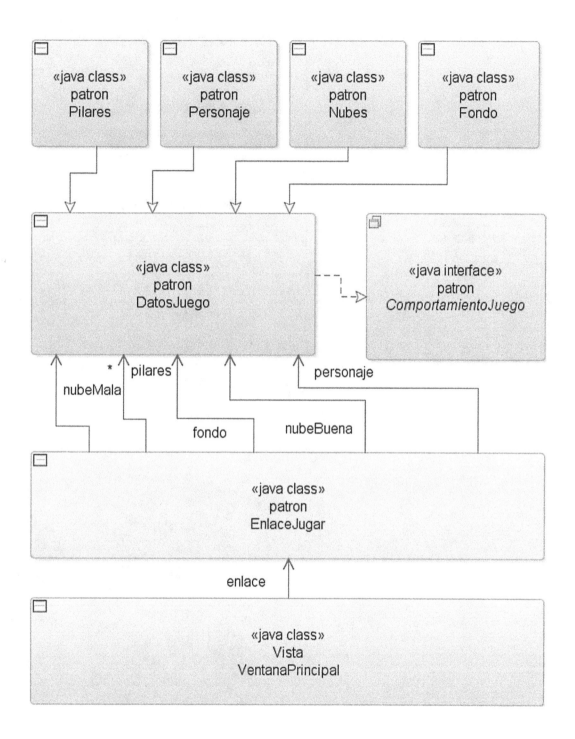

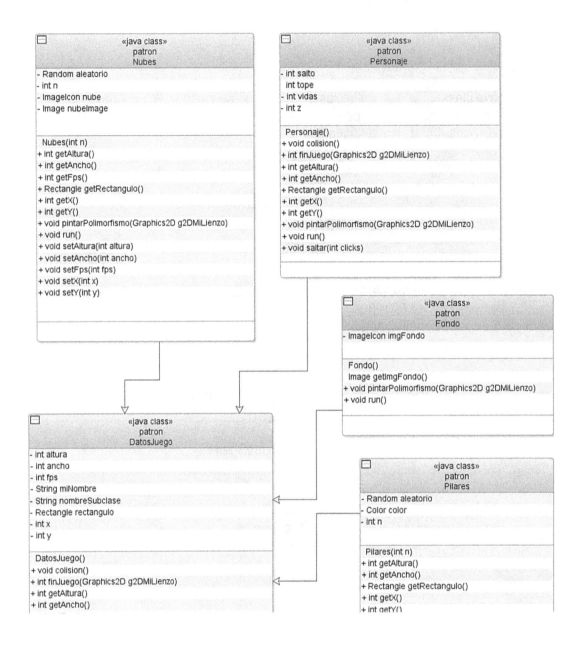

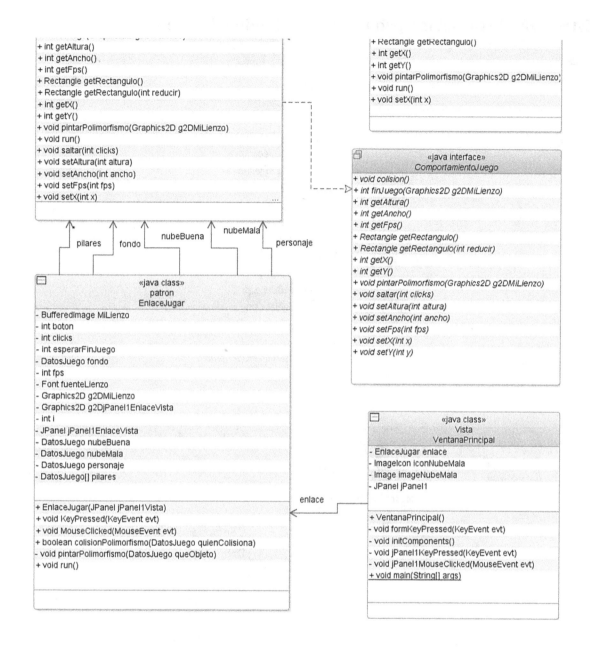

+ int getAltura()
+ int getAncho()
+ int getFps()
+ Rectangle getRectangulo()
+ Rectangle getRectangulo(int reducir)
+ int getX()
+ int getY()
+ void pintarPolimorfismo(Graphics2D g2DMiLienzo)
+ void run()
+ void saltar(int clicks)
+ void setAltura(int altura)
+ void setAncho(int ancho)
+ void setFps(int fps)
+ void setX(int x)

+ Rectangle getRectangulo()
+ int getX()
+ int getY()
+ void pintarPolimorfismo(Graphics2D g2DMiLienzo)
+ void run()
+ void setX(int x)

«java interface»
ComportamientoJuego

+ void colision()
+ int finJuego(Graphics2D g2DMiLienzo)
+ int getAltura()
+ int getAncho()
+ int getFps()
+ Rectangle getRectangulo()
+ Rectangle getRectangulo(int reducir)
+ int getX()
+ int getY()
+ void pintarPolimorfismo(Graphics2D g2DMiLienzo)
+ void saltar(int clicks)
+ void setAltura(int altura)
+ void setAncho(int ancho)
+ void setFps(int fps)
+ void setX(int x)
+ void setY(int y)

pilares   fondo   nubeBuena   nubeMala   personaje

«java class»
patron
EnlaceJugar

- BufferedImage MiLienzo
- int boton
- int clicks
- int esperarFinJuego
- DatosJuego fondo
- int fps
- Font fuenteLienzo
- Graphics2D g2DMiLienzo
- Graphics2D g2DjPanel1EnlaceVista
- int i
- JPanel jPanel1EnlaceVista
- DatosJuego nubeBuena
- DatosJuego nubeMala
- DatosJuego personaje
- DatosJuego[] pilares

+ EnlaceJugar(JPanel jPanel1Vista)
+ void KeyPressed(KeyEvent evt)
+ void MouseClicked(MouseEvent evt)
+ boolean colisionPolimorfismo(DatosJuego quienColisiona)
- void pintarPolimorfismo(DatosJuego queObjeto)
+ void run()

enlace

«java class»
Vista
VentanaPrincipal

- EnlaceJugar enlace
- ImageIcon iconNubeMala
- Image imageNubeMala
- JPanel jPanel1

+ VentanaPrincipal()
- void formKeyPressed(KeyEvent evt)
- void initComponents()
- void jPanel1KeyPressed(KeyEvent evt)
- void jPanel1MouseClicked(MouseEvent evt)
+ void main(String[] args)

Estructura de carpetas y paquetes para el código fuente en Java

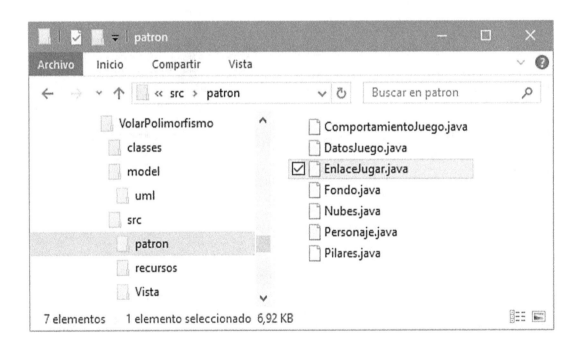

Código fuente en Java para el módulo de la vista del juego

```java
package vista;
import java.awt.Graphics;
import java.awt.Image;
import javax.swing.ImageIcon;
import patron.EnlaceJugar;

public class VentanaPrincipal extends javax.swing.JFrame {
    private ImageIcon iconNubeMala = new
  ImageIcon(getClass().getResource("/recursos/nubeMala.png"));
    private Image imageNubeMala= null;
    private EnlaceJugar enlace = null;

    /** Creates new form VentanaPrincipal */
    public VentanaPrincipal() {
        imageNubeMala = iconNubeMala.getImage();
        initComponents();
        jPanel1.setIgnoreRepaint(false);
        enlace = new EnlaceJugar(this.jPanel1);
        enlace.start();
    }

    /** This method is called from within the constructor to
     * initialize the form.
     * WARNING: Do NOT modify this code. The content of this method is
     * always regenerated by the Form Editor.
     */
    @SuppressWarnings("unchecked")
    private void initComponents() {//GEN-BEGIN:initComponents

        jPanel1 = new javax.swing.JPanel(){
            @Override
            public void paint(Graphics graphics) {
                // TODO Implement this method
                super.paint(graphics);
                graphics.drawString("Cargando ...", 100, 100);
            }
            @Override
            public void update(Graphics graphics) {
                // TODO Implement this method
                super.update(graphics);
            }
        };


        setDefaultCloseOperation(javax.swing.WindowConstants.EXIT_ON_CLOSE);
```

```java
        setTitle("Volar hasta el fin");
        setIconImage(imageNubeMala);
        setMinimumSize(new java.awt.Dimension(400, 400));
        setResizable(false);
        addKeyListener(new java.awt.event.KeyAdapter() {
            public void keyPressed(java.awt.event.KeyEvent evt) {
                formKeyPressed(evt);
            }
        });

        jPanel1.setBackground(new java.awt.Color(204, 255, 204));
        jPanel1.addMouseListener(new java.awt.event.MouseAdapter() {
            public void mouseClicked(java.awt.event.MouseEvent evt) {
                jPanel1MouseClicked(evt);
            }
        });
        jPanel1.addKeyListener(new java.awt.event.KeyAdapter() {
            public void keyPressed(java.awt.event.KeyEvent evt) {
                jPanel1KeyPressed(evt);
            }
        });
        jPanel1.setLayout(null);
        getContentPane().add(jPanel1, java.awt.BorderLayout.CENTER);

        pack();
        setLocationRelativeTo(null);
    }//GEN-END:initComponents

    private void jPanel1MouseClicked(java.awt.event.MouseEvent evt)
{//GEN-FIRST:event_jPanel1MouseClicked
        // TODO add your handling code here:
        enlace.MouseClicked(evt);
    }//GEN-LAST:event_jPanel1MouseClicked

    private void jPanel1KeyPressed(java.awt.event.KeyEvent evt) {//GEN-
FIRST:event_jPanel1KeyPressed
        // TODO add your handling code here:
    }//GEN-LAST:event_jPanel1KeyPressed

    private void formKeyPressed(java.awt.event.KeyEvent evt) {//GEN-
FIRST:event_formKeyPressed
        // TODO add your handling code here:
        enlace.KeyPressed(evt);
    }//GEN-LAST:event_formKeyPressed

    /**
     * @param args the command line arguments
```

```
    */
  public static void main(String args[]) {
      /* Set the Nimbus look and feel */
      //<editor-fold defaultstate="collapsed" desc=" Look and feel
setting code (optional) ">
      /* If Nimbus (introduced in Java SE 6) is not available, stay
with the default look and feel.
       * For details see
http://download.oracle.com/javase/tutorial/uiswing/lookandfeel/plaf.htm
l
      */
      try {
          for (javax.swing.UIManager.LookAndFeelInfo info : javax.swing

.UIManager

.getInstalledLookAndFeels()) {
              if ("Nimbus".equals(info.getName())) {
                  javax.swing
                      .UIManager
                      .setLookAndFeel(info.getClassName());
                  break;
              }
          }
      } catch (ClassNotFoundException ex) {
          java.util
              .logging
              .Logger
              .getLogger(VentanaPrincipal.class.getName())
              .log(java.util
                      .logging
                      .Level
                      .SEVERE, null, ex);
      } catch (InstantiationException ex) {
          java.util
              .logging
              .Logger
              .getLogger(VentanaPrincipal.class.getName())
              .log(java.util
                      .logging
                      .Level
                      .SEVERE, null, ex);
      } catch (IllegalAccessException ex) {
          java.util
              .logging
              .Logger
              .getLogger(VentanaPrincipal.class.getName())
```

```
                            .log(java.util
                                    .logging
                                    .Level
                                    .SEVERE, null, ex);
            } catch (javax.swing.UnsupportedLookAndFeelException ex) {
                java.util
                        .logging
                        .Logger
                        .getLogger(VentanaPrincipal.class.getName())
                        .log(java.util
                                .logging
                                .Level
                                .SEVERE, null, ex);
            }
            //</editor-fold>

            /* Create and display the form */
            java.awt
                .EventQueue
                .invokeLater(new Runnable() {
                    public void run() {
                        new VentanaPrincipal().setVisible(true);
                    }
                });
        }

        // Variables declaration - do not modify//GEN-BEGIN:variables
        private javax.swing.JPanel jPanel1;
        // End of variables declaration//GEN-END:variables

}
```

Código fuente para las clases que implementan el módulo de cliente

```
package patron;

import java.awt.Font;
import java.awt.Graphics2D;
import java.awt.RenderingHints;
import java.awt.image.BufferedImage;
import javax.swing.JPanel;

//Esta clase es pública, las demás clases en el paquete son declaradas
sin el modificador de acceso

public class EnlaceJugar extends Thread {
    private int fps = 0, esperarFinJuego = 0, i = 0;
    private int boton = 0, clicks = 0;
```

```java
    //Crear muchas referencias de un único tipo, DatosJuego{}

    private DatosJuego personaje = null;
    private DatosJuego[] pilares= new Pilares[8];
    private DatosJuego nubeBuena = null;
    private DatosJuego nubeMala = null;
    private DatosJuego fondo = null;

    private JPanel jPanel1EnlaceVista=null;
    private Graphics2D g2DjPanel1EnlaceVista = null;

    private BufferedImage miLienzo = null;
    private Graphics2D g2DMiLienzo = null;
    private Font fuenteLienzo = null;

    public EnlaceJugar(JPanel jPanel1Vista) {
        super();
        fps = 1000 / 70; esperarFinJuego = 0;

        //Creando un lienzo personalizado

        miLienzo = new BufferedImage(400,400,
BufferedImage.TYPE_INT_RGB);
        g2DMiLienzo = miLienzo.createGraphics();
        fuenteLienzo = new  Font("Courier", Font.BOLD, 20);
        g2DMiLienzo.setFont(fuenteLienzo);

        //Obtener el lienzo desde la vista

        jPanel1EnlaceVista = jPanel1Vista;
        g2DjPanel1EnlaceVista = (Graphics2D)
jPanel1EnlaceVista.getGraphics();

        //Full anti-alias
        g2DMiLienzo.setRenderingHint(RenderingHints.KEY_ANTIALIASING,
RenderingHints.VALUE_ANTIALIAS_ON);

        //Anti-alias para el texto

//g2DMiLienzo.setRenderingHint(RenderingHints.KEY_TEXT_ANTIALIASING,
RenderingHints.VALUE_TEXT_ANTIALIAS_ON);

        //Crear los objetos que deben ser pintados en el lienzo
personalizado

        fondo = new Fondo(); //Crear un objeto del tipo Fondo{} usando la
referencia del tipo DatosJuego{}

        fondo.start();//Lanzar un hilo personalizado para el objeto fondo

        personaje = new Personaje();//Crear un objeto del tipo
Personaje{} usando la referencia del tipo DatosJuego{}

        personaje.start();//Lanzar un hilo personalizado para el objeto
```

personaje

```java
        for(int i=0; i<pilares.length;i++){

            pilares[i] = new Pilares(i);//Crear un objeto del tipo
Pilares{} usando la referencia del tipo DatosJuego{}

            pilares[i].start();//Lanzar un hilo personalizado para el
objeto pilar

        }
        nubeBuena = new Nubes(1);//Crear un objeto del tipo Nubes{}
usando la referencia del tipo DatosJuego{}

        nubeBuena.start();//Lanzar un hilo personalizado para el objeto
nube

        nubeMala = new Nubes(2);//Crear un objeto del tipo Nubes{} usando
la referencia del tipo DatosJuego{}

        nubeMala.start();//Lanzar un hilo personalizado para el objeto
nube

    }

    @Override
    public void run() {
        // TODO Implement this method
        super.run();
        do {
            try {
                //pintar el fondo
                pintarPolimorfismo(fondo);
                //pintar las nubes
                pintarPolimorfismo(nubeBuena);
                pintarPolimorfismo(nubeMala);
                //pintar los pilares
                for(i=0; i<pilares.length;i++) {
                    pintarPolimorfismo(pilares[i]);
                }
                //pintar el personaje
                pintarPolimorfismo(personaje);
                //detectar colisiones del personaje con los pilares
                for(i=0; i<pilares.length; i++) {
                    if(colisionPolimorfismo(pilares[i]) == true) {
                        break;
                    }
                }
                //detectar colisión del personaje con la nube mala
                colisionPolimorfismo(nubeMala);
                //Preguntar si hay vidas
                esperarFinJuego = personaje.finJuego(g2DMiLienzo);
                //pintar el lienzo personalizado en el lienzo de la vista
                g2DjPanel1EnlaceVista.drawImage(miLienzo,0,0,null);
```

```
                Thread.sleep(fps + esperarFinJuego);
                esperarFinJuego = 0;
            } catch (InterruptedException e) {
            }
        }while(true);
    }
    //Método polimórfico dinámico
    public boolean colisionPolimorfismo(DatosJuego quienColisiona) {
        //Algoritmo polimórfico dinámico

if(personaje.getRectangulo().intersects(quienColisiona.getRectangulo()))
{
            //personaje.setColisiones(personaje.getColisiones()+1);
//aumentar colisiones
            //personaje.setVidas(personaje.getVidas()-1); //disminuir una
vida
            personaje.colision();
            quienColisiona.setX(450); //poner objeto que colisiona en la
largada
            return true;
        }
        return false;
    }
```

```
    //Método polimórfico dinámico, la clase EnlaceJuego{} envía el mismo
mensaje a la referencia de la superclase DatosJuego{} para pintar
elementos en pantalla, la referencia del tipo superclase apuntará a un
objeto del tipo subclase.
    //El parámetro es del tipo DatosJuego{} y el argumento puede ser del
tipo: Fondo{}, Nubes{}, Personaje{} o Pilares{}
    //Cada subclase recibe el mismo mensaje pero implementa un
comportamiento diferente para pintar.
    //La JVM decide en tiempo de ejecución qué método ejecutar
dependiendo del tipo de argumento en el parámetro

    private void pintarPolimorfismo(DatosJuego queObjeto){

        //Línea de código polimórfica dinámica, puede ser del tipo:
Fondo{}, Nubes{}, Personaje{} o Pilares{}
        //Se envía el mismo mensaje sin importar de qué tipo es, la JVM
se encargará de saber qué tipo es.

        queObjeto.pintarPolimorfismo(g2DMiLienzo);

        //Los programadores pueden optar por escribir código en el método
run() o en el método pintarPolimorfismo(...) para enviar mensajes al
patrón de diseño.

        //Pregunta si el objeto datosJuego es del tipo Personaje{}

if(queObjeto.getClass().getName().equals(Personaje.class.getName())) {

        }
        //Pregunta si el objeto datosJuego es del tipo Pilares{}
```

```java
if(queObjeto.getClass().getName().equals(Pilares.class.getName())) {

        }
        //Pregunta si el objeto datosJuego es del tipo Nubes{}
        if(queObjeto.getClass().getName().equals(Nubes.class.getName()))
{

        }
        //Pregunta si el objeto datosJuego es del tipo Fondo{}
        if(queObjeto.getClass().getName().equals(Fondo.class.getName()))
{

        }
    }
    //Este método es llamado desde la vista con la información del ratón
    public void MouseClicked(java.awt.event.MouseEvent evt) {
        boton = evt.getButton();
        clicks = evt.getClickCount();
        if(boton == 1) {
            personaje.saltar(clicks);
        }
    }
    //Este método es llamado desde la vista con la información del
teclado
    public void KeyPressed(java.awt.event.KeyEvent evt) {
        if(evt.getKeyCode() == evt.VK_SPACE) {
          personaje.saltar(2);
        }
    }
}
}
```

Código fuente para las clases que implementan el proveedor de comportamiento especializado

```java
package patron;

import java.awt.Color;
import java.awt.Graphics2D;
import java.awt.Image;
import java.awt.Rectangle;

interface ComportamientoJuego {

    //Estos métodos serán implementados por la superclase

    void setX(int x);
    int getX();
    void setY(int y);
    int getY();
    void setAltura(int altura);
    int getAltura();
    void setAncho(int ancho);
```

```java
    int getAncho();
    void setFps(int fps);
    int getFps();
    Rectangle getRectangulo(int reducir);
    Rectangle getRectangulo() ;

    //Estos métodos serán implementados por las subclases que lo
necesiten
    //Estos métodos son opcionales, serán implementados por las clases
que lo necesiten
    public void saltar(int clicks); //la superclase renuncia a este
comportamiento
    public void colision();
//    public void setVidas(int vidas); //la superclase renuncia a este
comportamiento
//    public int getVidas(); //la superclase renuncia a este
comportamiento
//    void setColisiones(int colisiones); //la superclase renuncia a este
comportamiento
//    int getColisiones(); //la superclase renuncia a este comportamiento
    void pintarPolimorfismo(Graphics2D g2DMiLienzo); //la superclase
renuncia a este comportamiento
    public int finJuego(Graphics2D g2DMiLienzo);//la superclase renuncia
a este comportamiento
}

package patron;

import java.awt.Color;
import java.awt.Graphics2D;
import java.awt.Image;
import java.awt.Rectangle;

class DatosJuego extends Thread implements ComportamientoJuego {
    private int x=0, y=0, altura=0, ancho=0, fps=0;
    private Rectangle rectangulo = null;
    private String miNombre = null;
    private String nombreSubclase = null;
    DatosJuego() {
        super(); //Ejecuta el constructor de la clase Thread{}
        //Cuidado! El nombre de la instancia será el nombre del
constructor de la subclase al momento de crear un objeto usando una
referencia creada con la superclase DatosJuego{}.
        //Las instancias de objetos tienen el nombre del método
constructor que las crea.
        miNombre = this.getClass().getName(); //Tomará el nombre del
constructor de la subclase
    }
    @Override
    public void run() {
        // TODO Implement this method
        super.run();
    }
    @Override
```

```java
    public void setX(int x) {
        this.x = x;
    }
    @Override
    public int getX() {
        return x;
    }
    @Override
    public void setY(int y) {
        this.y = y;
    }
    @Override
    public int getY() {
        return y;
    }
    @Override
    public void setAltura(int altura) {
        this.altura = altura;
    }
    @Override
    public int getAltura() {
        return altura;
    }
    @Override
    public void setAncho(int ancho) {
        this.ancho = ancho;
    }
    @Override
    public int getAncho() {
        return ancho;
    }
    @Override
    public void setFps(int fps) {
        this.fps = fps;
    }
    @Override
    public int getFps() {
        return fps;
    }
    @Override
    public Rectangle getRectangulo(int reducir) {
        // TODO Implement this method
        rectangulo = new Rectangle(x + reducir, y + reducir, ancho -
reducir, altura - reducir);
        return rectangulo;
    }
    @Override
    public Rectangle getRectangulo() {
        // TODO Implement this method
        rectangulo = new Rectangle(x, y, ancho, altura);
        return rectangulo;
    }

    //La superclase renuncia a implementar estos métodos
```

```
        //Estos métodos serán implementados por las subclases
/*
    @Override
    public int getColisiones() {
        // TODO Implement this method
        return 0;

//yo renuncio, se tiene que hacer cargo del comportamiento la subclase

    }

    @Override
    public void setColisiones(int colisiones) {
        // TODO Implement this method
        //yo renuncio, se tiene que hacer cargo del comportamiento la
subclase
    }

    @Override
    public int getVidas() {
        // TODO Implement this method
        return 0;

//yo renuncio, se tiene que hacer cargo del comportamiento la subclase

    }

    @Override
    public void saltar(int clicks) {
        // TODO Implement this method
        //yo renuncio, se tiene que hacer cargo del comportamiento la
subclase
    }

    @Override
    public void setVidas(int vidas) {
        // TODO Implement this method
        //yo renuncio, se tiene que hacer cargo del comportamiento la
subclase
    }
*/
    @Override
    public void colision() {
        // TODO Implement this method
        //yo renuncio, se tiene que hacer cargo del comportamiento la
subclase
    }
    //Este método puede ser ejecutado por cada subclase, para que exista
polimorfismo hay que
    //  garantizar mensajes únicos para cada subclase, en este caso la
superclase obliga
    //  a las subclases a sobrescribir el método
pintarPolimorfismo(Graphics2D g2DMiLienzo).
    //Cada subclase implementará un algoritmo diferente para pintar en un
```

único lienzo.

```java
    //Las instancias creadas usan los algoritmos de las subclases, pero
si el programador quiere puede
    //  migrar el algoritmo especializado desde la subclase a la
superclase.
    @Override
    public void pintarPolimorfismo(Graphics2D g2DMiLienzo) {
        // TODO Implement this method
        //yo renuncio, se tiene que hacer cargo del comportamiento la
subclase
        //Un programador puede escribir código para cada subclase si lo
desea
        nombreSubclase = Fondo.class.getName();
        if(miNombre.equals(nombreSubclase)){
          //programar para la clase Fondo{}

        }
        nombreSubclase = Nubes.class.getName();
        if(miNombre.equals(nombreSubclase)){
          //programar para la clase Nubes{}

        }
        nombreSubclase = Personaje.class.getName();
        if(miNombre.equals(nombreSubclase)){
          //programar para la clase Personaje{}

        }
        nombreSubclase = Pilares.class.getName();
        if(miNombre.equals(nombreSubclase)){
          //programar para la clase Pilares{}

        }
    }

    @Override
    public int finJuego(Graphics2D g2DMiLienzo) {
        // TODO Implement this method
        return 0;

//yo renuncio, se tiene que hacer cargo del comportamiento la subclase

    }

    @Override
    public void saltar(int clicks) {
        // TODO Implement this method
        //yo renuncio, se tiene que hacer cargo del comportamiento la
subclase
    }
}

package patron;

import java.awt.Graphics2D;
```

```java
import java.awt.Image;

import javax.swing.ImageIcon;

class Fondo extends DatosJuego {
    private ImageIcon imgFondo = new
ImageIcon(getClass().getResource("/recursos/fondo.png"));
    Fondo() {
        super();
        setFps(1000 / 1);
    }

    @Override
    public void run() {
        // TODO Implement this method
        super.run();
        do {
            try {
                //Implementar todo el código necesario para animar el
fondo
                Thread.sleep(getFps());
            } catch (InterruptedException e) {
            }
        }while(true);
    }

    Image getImgFondo() {
        return imgFondo.getImage();
    }


    @Override
    public void pintarPolimorfismo(Graphics2D g2DMiLienzo) {
        // TODO Implement this method
        //super.pintarPolimorfismo(g2DMiLienzo);

//la superclase ha renunciado

        g2DMiLienzo.drawImage(getImgFondo(), 0, 0, 400, 400, null);
    }
}

package patron;

import java.awt.Graphics2D;
import java.awt.Image;

import java.awt.Rectangle;

import java.util.Random;

import javax.swing.ImageIcon;

class Nubes extends DatosJuego {
```

```java
    private int n = 0;
    private ImageIcon nube = null;
    private Image nubeImage = null;
    private Random aleatorio = new Random();

    Nubes(int n) {
        super();
        this.n = n;
        super.setFps(1000 / 30);
        super.setAncho(260/2);
        super.setAltura(175/2);
        super.setX(400);
        super.setY(aleatorio.nextInt(250) + 50);
        if(n==1) {
            nube = new
ImageIcon(getClass().getResource("/recursos/nubeBuena.png"));
        }else{
            nube = new
ImageIcon(getClass().getResource("/recursos/nubeMala.png"));
        }
        nubeImage = nube.getImage();
    }

    @Override
    public void run() {
        // TODO Implement this method
        super.run();
        do {
            setX(getX() - 2);
            if(getX() < -150){
                setX(450);
                setY((aleatorio.nextInt(250)+50));
            }
            try {
                Thread.sleep(getFps());
            } catch (InterruptedException e) {
            }
        }while(true);
    }

    @Override
    public int getAltura() {
        // TODO Implement this method
        return super.getAltura();
    }

    @Override
    public int getAncho() {
        // TODO Implement this method
        return super.getAncho();
    }

    @Override
    public int getFps() {
```

```java
        // TODO Implement this method
        return super.getFps();
    }

    @Override
    public int getX() {
        // TODO Implement this method
        return super.getX();
    }

    @Override
    public int getY() {
        // TODO Implement this method
        return super.getY();
    }

    @Override
    public void setAltura(int altura) {
        // TODO Implement this method
        super.setAltura(altura);
    }

    @Override
    public void setAncho(int ancho) {
        // TODO Implement this method
        super.setAncho(ancho);
    }

    @Override
    public void setX(int x) {
        // TODO Implement this method
        super.setX(x);
    }

    @Override
    public void setY(int y) {
        // TODO Implement this method
        super.setY(y);
    }

    @Override
    public void setFps(int fps) {
        // TODO Implement this method
        super.setFps(fps);
    }

    @Override
    public Rectangle getRectangulo() {
        // TODO Implement this method
        return super.getRectangulo(30);
    }

    @Override
    public void pintarPolimorfismo(Graphics2D g2DMiLienzo) {
```

```java
        // TODO Implement this method
        //super.pintarPolimorfismo(g2DMiLienzo); //la superclase ha
renunciado
        g2DMiLienzo.drawImage(nubeImage, getX(), getY(), getAncho(),
getAltura(), null);
    }
}

package patron;

import java.awt.Color;
import java.awt.Graphics2D;
import java.awt.Rectangle;

class Personaje extends DatosJuego {
    private int  z = 4, salto = 4; int tope = 50;
    private int vidas = 10;
    Personaje() {
        super();
        setFps(1000 / 25);
        setX(50);
        setY(50);
        setAltura(25);
        setAncho(25);
    }

    @Override
    public void run() {
        // TODO Implement this method
        super.run();
        do {
            try {
                if(getY()<tope){
                    tope=50;
                    z=salto;
                    setY(getY()+salto);
                }
                if(getY()<=50) {
                    setY(55);
                    z=salto;
                }
                if(getY()>300){
                    z=0;//z=-salto;
                    setY(getY()-2);
                }
                setY(getY()+z);
                Thread.sleep(getFps());
            } catch (InterruptedException e) {
            }
        }while(true);
    }

    @Override
    public int getY() {
```

```java
        // TODO Implement this method
        return super.getY();
    }

    @Override
    public void saltar(int clicks) {
        if(clicks <= 0)tope = getY() - 20; //error en la cantidad de
click
        if(clicks == 1)tope = getY() - 20;
        if(clicks >= 2)tope = getY() - 30;
        z=salto * (-1);
    }

    @Override
    public int getAltura() {
        // TODO Implement this method
        return super.getAltura();
    }

    @Override
    public int getAncho() {
        // TODO Implement this method
        return super.getAncho();
    }

    @Override
    public int getX() {
        // TODO Implement this method
        return super.getX();
    }

    @Override
    public Rectangle getRectangulo() {
        // TODO Implement this method
        return super.getRectangulo(5);
    }

    @Override
    public void pintarPolimorfismo(Graphics2D g2DMiLienzo) {
        // TODO Implement this method
        //super.pintarPolimorfismo(g2DMiLienzo);

//la superclase ha renunciado

        //Pintar personaje
        g2DMiLienzo.setColor(new Color(Color.orange.getRGB()));
        g2DMiLienzo.fillOval(45, getY(), getAltura(), getAncho());
        g2DMiLienzo.setColor(new Color(Color.white.getRGB()));
        g2DMiLienzo.drawOval(45, getY(), getAltura(), getAncho());
        g2DMiLienzo.setColor(new Color(Color.blue.getRGB()));
        g2DMiLienzo.fillOval(60, getY()+3, 10, 10);
        g2DMiLienzo.setColor(new Color(Color.white.getRGB()));
        g2DMiLienzo.fillOval(65, getY()+6, 4, 4);
        //Pintar puntuación
```

```java
            g2DMiLienzo.setColor(new Color(Color.white.getRGB()));
            g2DMiLienzo.drawString("  Vidas = " + vidas, 11, 26);
            g2DMiLienzo.setColor(new Color(Color.black.getRGB()));
            g2DMiLienzo.drawString("  Vidas = " + vidas, 10, 25);
        }
    public int finJuego(Graphics2D g2DMiLienzo) {
        if(vidas==0){
            vidas=10;
            g2DMiLienzo.setColor(new Color(Color.red.getRGB()));
            g2DMiLienzo.drawString("(:|} !Juego terminado!" , 50, 175);
            return 5000;
        }
        return 0;
    }


    @Override
    public void colision() {
        // TODO Implement this method
        //super.colision();

//la superclase ha renunciado

        vidas--;
    }
}

package patron;

import java.awt.Color;
import java.awt.Graphics2D;
import java.awt.Rectangle;

import java.util.Random;

class Pilares extends DatosJuego {
    private int n = 0;
    private Color color = null;
    private Random aleatorio = new Random();

    Pilares(int n) {
        super();
        this.n=n;
        setFps(1000 / (aleatorio.nextInt(30) + 30));
        setAncho(aleatorio.nextInt(25)+25);
        setAltura(aleatorio.nextInt(75)+100);
        setX(aleatorio.nextInt(400)+400);
        setY(aleatorio.nextInt(2) * (400-getAltura()));
        color = new
Color(aleatorio.nextInt(255),aleatorio.nextInt(255),aleatorio.nextInt(255
));
    }

    @Override
    public void run() {
```

```java
        // TODO Implement this method
        super.run();
        do {
            try {
                setX(getX()-2);
                if(getX()<-50) {
                    setX(450);
                    setAltura(aleatorio.nextInt(75)+100);
                    setY(aleatorio.nextInt(2) * (400-getAltura()));
                    setX(aleatorio.nextInt(400)+400);
                }
                Thread.sleep(getFps());
            } catch (InterruptedException e) {
            }
        }while(true);
    }

    @Override
    public int getY() {
        // TODO Implement this method
        return super.getY();
    }

    @Override
    public int getX() {
        // TODO Implement this method
        return super.getX();
    }

    @Override
    public int getAltura() {
        // TODO Implement this method
        return super.getAltura();
    }

    @Override
    public void setX(int x) {
        // TODO Implement this method
        super.setX(x);
    }

    @Override
    public int getAncho() {
        // TODO Implement this method
        return super.getAncho();
    }
    @Override
    public Rectangle getRectangulo() {
        // TODO Implement this method
        return super.getRectangulo(5);
    }

    @Override
    public void pintarPolimorfismo(Graphics2D g2DMiLienzo) {
```

```
        // TODO Implement this method
        //super.pintarPolimorfismo(g2DMiLienzo);
```

//la superclase ha renunciado

```
        g2DMiLienzo.setColor(color);
        g2DMiLienzo.fill3DRect(getX(), getY(), getAncho(), getAltura(),
true);

    }
}
```

Palabras de despedida

Las estructuras formadas por las clases que se relacionan por medio de la herencia, son una estructura muy simple y básica. Dicha estructura es un patrón de diseño para resolver problemas en el desarrollo de productos software.

Existe muchos otros patrones de diseño que pueden usarse para resolver problemas, los siguientes patrones de diseño son los más estudiados y mencionados en la bibliografía especializada.

Creational patterns	Structural patterns	Behavior patterns
Object Pool	Adapter o Wrapper	Chain of Responsibility
Abstract Factory	Bridge	Command
Builder	Composite	Interpreter
Factory Method	Decorator	Iterator
Prototype	Facade	Mediator
Singleton	Flyweight	Memento
Model View Controller	Proxy	Observer
	Module	State
		Strategy
		Template Method
		Visitor

Muchos de los patrones de diseño mencionados anteriormente, utilizan la relación de herencia para construir las estructuras que los definen. Dichos patrones de diseño merecen un estudio detallado de las posibilidades que tienen en la generación de algoritmos polimórficos.